TOKUSH
TOKUSHIM

プロローグ

徳島市のシンボルである「眉山」のふもとに、徳島インディゴソックスの本拠地球場である徳島県営蔵本球場（むつみスタジアム）がある。

観客席から球場を見渡せば、目の前に眉山が雄々しくそびえる。左翼スタンドの奥、眉山ののり面が格子状のコンクリートで覆われている箇所がある。いまから18年前の２００６年11月、高さ約70メートルあるこの場所に、１匹のメスの雑種犬「リンリン」が迷い込んだ。

まったく動けずにおびえてたたずむ姿は「崖っぷち犬」として報道され、彼女を救出しようとする人間たちの姿とともにワイドショーで全国に生中継された。

勇気をもってコンクリートの上を走り切り、そこから脱出するのか。それとも覚悟を決めて、人間たちが広げているネットに飛び込むのか。喉の渇きと空腹、そして初冬の寒さの中で、リンリンがどんな不安や恐怖を感じていたのかは、我々に知る由もない。

四国アイランドリーグｐｌｕｓに集まってくる選手たちも、リンリンに似たような気持ちなのではないかと思う。いま、野球選手としての崖っぷちに立っている。もう後がない。

彼らアイランドリーガーにとって最大の目標は、日本のトップリーグであるＮＰＢ（日本プロ野球機構）12球団に入団することである。だが、その夢をかなえるためには、毎年10月に行われるドラフト会議（新人選手選択会議）で指名されなければならない。

プロ野球選手としてNPBに入団するためにはどうすればいいのか？　ドラフト指名されるために、自分は何をすべきなのか？　球団は選手を送り込むために何をすべきなのか？

リンリンに命のタイムリミットがあったように、アイランドリーガーにもタイムリミットがある。年齢は若ければ若いほどいい。高校を卒業してすぐの18歳なら、ある程度成長のための時間を見てくれるかもしれない。しかし24、25歳になってNPBから指名されようとするなら、即戦力としてチームに貢献できるだけの実力が必要になる。

そんな世界で技術や己の武器を磨き、体力、精神力を鍛える。誰も助けなど差しのべてはくれない。自分で考え、努力し、結果を残すしかない。スカウトにアピールするしかない。

日本にプロ野球独立リーグが生まれた２００５年、四国に「四国アイランドリーグ」（当時４球団が産声を上げて、今年で20年になる。徳島インディゴソックスにもこの20年間、様々な出来事があった。崖っぷちで悪戦苦闘していたのは決して選手だけではない。経営難に苦しむ経営陣、野球を仕事にしたいと夢見たボランティアスタッフ、スポーツライターとして歩み始めたばかりの私もそうだった。

悲壮な決意と夢を胸に、四国リーグという「崖っぷち」で戦う人々の姿を追った。挑戦のクライマックスは、ドラフト会議である。

【目次】

本書に登場するおもな人物

山田大二郎
（2005〜2008年在籍）

内野手／鳴門高〜流通経済大〜徳島
地元・徳島出身の俊足内野手。イベントにも積極的に参加し、球団の認知度向上に貢献した

小松崎大地
（2005〜2008年在籍）

外野手／拓大紅陵高〜千葉商科大〜徳島
球団草創期を支えた強打者。4年間で通算284安打を放った。現在は競輪選手として活躍中

渡邊隆洋
（2005〜2008年在籍）

投手／春日部東高〜関東学院大（中退）〜米・独立リーグ〜徳島〜福岡
低迷期にエース左腕として奮闘し、ファンから愛された。現在はオリックス1軍マネジャー

山村裕也
（2010〜2011年在籍）

捕手／八木学園高〜大阪商業大〜徳島
俊足強打の捕手としてドラフト候補に挙がる。NPB審判員に転身し、親子二代の審判員に

増田大輝
（2014〜2015年在籍）

内野手／小松島高〜近畿大（中退）〜徳島〜巨人
とび職から独立リーグに入団した快足選手。NPB入りを果たし、代走の切り札として活躍

木下雄介
（2015〜2016年在籍）

投手／生光学園高〜駒澤大（中退）〜徳島〜中日
不動産営業マンを経て、独立リーグへ渡った剛腕。NPBでも期待されたが、27歳で早逝

松嶋亮太
（2011〜2015年在籍）

内野手／浜田高〜大分大〜徳島
国立大から独立リーガーとなり、NPBに肉薄した強打者。高校教師となり、野球部を指導中

岸潤一郎
（2018〜2019年在籍）

内・外野手／明徳義塾高〜拓殖大（中退）〜徳島〜西武
「甲子園の申し子」と呼ばれたが、大学を中退して入団。西武でも定位置奪取を期待される

茶野篤政
（2022年在籍）

外野手／中京高〜名古屋商科大〜徳島〜オリックス
大学まで無名も俊足巧打を武器に台頭。オリックス1年目は春先から新人王を争う活躍ぶり

米本元子

球団創設時はボランティアスタッフとして、現在は球団スタッフとして球団を支えてきた生き証人。
姉御肌な性格で、徳島・上板町の伝統行事「力餅」女性の部で5連覇を成し遂げる

第**1**章

指名ラッシュ

椎葉剛　宮澤太成　井上絢登
シンクレア・ジョセフ・孝ノ助
谷口朝陽　藤田淳平

波乱の2023年ドラフト会議

もう、こうなってしまえば、ジタバタしてもしょうがない。

いまから数時間後には、自分の身の振り方が決まる。ここで野球を辞め、NPBでプレーするという夢に区切りをつけるのか？　それとも来シーズン、もう一度NPBを目指す挑戦を続けるのか？　もしくは、目の前に置かれているあのテレビの画面に、自分の名前が大きく映し出され、次のステージへ向かうための切符を手にするのか？

それらすべてが、これから数時間のうちに決まる。

2023年10月26日、時刻は午後4時を回っている。この後、午後5時から東京、グランドプリンスホテル新高輪でプロ野球ドラフト会議（新人選手選択会議）が行われる。

プロ野球独立リーグ、四国アイランドリーグplusに所属する選手たちは、このドラフト会議でNPBの球団から指名されるために、シーズンを戦い続けてきた。現在の規約において、NPB12球団に入団する方法は、ドラフトで指名されるしかない。

運命の1日の、運命の瞬間を、もうすぐ迎えようとしている。

リーグに所属する4球団は、それぞれ会議の生中継を見るための場所を用意し、ドラフト指名の瞬間を見守る。それは徳島インディゴソックスも同じだった。

徳島県北部、藍住町にある大型商業施設「ゆめタウン徳島」。ここがドラフトを見守る舞台となってから、今年で12年目になる。２０１１年11月にオープンした後、翌年のドラフトから徳島の選手、関係者たちとともに、指名の泣き笑いを見届けてきた。

２階バックルームにある研修室では、スーツ姿の選手、ジャージ姿の選手、関係者たちが、落ち着かない表情で生中継が始まるのを待っていた。すでに岡本哲司監督（元・大洋ほか）、橋本球史コーチの２人も到着している。

練習生を含む所属選手39人のうち、外国人選手であるロドルフォ・マルティネス投手（ドミニカ共和国）、チャン・ヒョンジン内野手（韓国）、ヤセル・ペレス・アコスタ内野手（キューバ）の３人は、移籍扱いとなるためドラフト指名はない。

徳島からは８人が指名を待つ。８人にはドラフト指名に必要な情報をＮＰＢ球団に提出するための「調査書」が届いている。ドラフト候補として指名を待つのは、非公開の入団テストを受験した選手を含め、愛媛から８人。高知から２人。香川から２人。そして、徳島からの８人を含む、計20人だった。

きのう（10月25日）の徳島新聞朝刊には、「あすドラフト会議」「椎葉（インディゴ）ら指名有力か」の見出しが躍っていた。地元からドラフト候補となる選手９人の顔写真が掲載され、そのうち８人が徳島の選手だ。そのなかに、谷口朝陽の写真がある。

「谷口朝陽？」

かなり熱心なファンでなければ、耳慣れない名前だった。

徳島県三好市の出身だが、高校は広島県の強豪、広陵高校へと進んだ。卒業してこの春、徳島に入団している、１５０キロに届くストレートが売りの右腕だ。今シーズンの成績は3試合しか登板していない。０勝０敗。中継ぎで１イニングずつしか投げておらず、防御率は9・00（投球回3）と、正直に言ってドラフトにかかるような成績ではない。

一体どの球団が谷口をドラフト候補に挙げたのか？　関係者の１人が口を開いたのは会議が始まる直前、15分ほど前になったときだった。

「西武１球団です。投手じゃなく野手で。でも、これ確定です。かなり（指名が）堅い……」

「ウソだろ？　なんで谷口？　しかも野手？　だってあいつ、今シーズン１試合も野手で試合に出てないだろ！」

投手として公式戦3試合に登板してはいるが、野手としてはただの1試合も出場していない。本当にそんなサプライズ指名があるのか？　実現すれば、過去18年間続いてきた四国リーグのドラフトにおいて、初めてのケースになる。

まだ19歳。紺のスーツに身を包み、あどけない表情でニコニコと談笑する谷口の姿があった。

「社会人クビ宣告」から1年でドラフト2位指名

ドラフト会議の生中継を見守るゆめタウン徳島の研修室には、まだリラックスした空気が流れている。部屋を入った右奥にテレビがあり、全員でCS放送の生中継を見守る。テレビに相対して、部屋の中央あたりに8人のドラフト候補選手が座る。

正面から見て、左から谷口朝陽投手、白川恵翔投手、宮澤太成投手、井上絢登外野手、椎葉剛投手、シンクレア・ジョセフ・孝ノ助投手、増田将馬外野手、藤田淳平投手の8人だ。

8人が一列に並んで座っている後ろに、南啓介代表（株式会社パブリック・ベースボールクラブ徳島）、スポンサーなどの関係者、岡本監督、橋本コーチ、選手たちが座る。

コロナ禍以降、徳島は四国リーグ4球団のなかでも、とりわけ積極的に動画配信に取り組んできた。きょうのドラフトの様子も、現場から動画配信サイト・YouTubeで生配信されている。別室に配信ブースを設け、研修室で待機中の選手たちの表情を届ける。もちろん、番組は球団スタッフが手作りで制作、配信を行っている。

ゆめタウン徳島の館内、1階セントラルコートには、パブリック・ビューイングのためのステージが組まれていた。一般のファンはここで生中継を見ながら、指名の瞬間を待つ。ドラフト会議、続いて育成ドラフト会議が終わり、すべての指名が終了したあと、もし指名を受けた選手がいれば、このステージ上で喜びの記者会見が行われることになる。

生中継が始まった。テレビでは、司会者による会議の説明が続いている。

「ドライチ（ドラフト1位）はないから（笑）」

そんな言葉が飛び交うなか、バックルームの研修室では、そこにいる誰もがリラックスした雰囲気で会議を映すテレビの画面を見つめていた。時計の針は午後5時2分を指している。

「第1回選択希望選手……」

競合によるくじ引きを3度外したロッテが、4度目に上田希由翔（明治大）を指名した。午後5時42分、12球団すべてのドラフト1巡目指名が終わり、会議は一旦15分間の休憩に入る。

選手たちにとっては、自分を候補に挙げてくれている球団が、どのポジションの選手を獲ったのか？も大きく気になるところだ。指名の結果によっては、その後の指名や順位に影響することもある。指名されるはずだった予定が、なくなってしまうことだってある。

休憩を挟んだ後の、午後6時ちょうどにドラフト2巡目の指名が始まった。

四国リーグ4球団のなかから指名を受ける大本命と見られたのは、徳島の椎葉剛投手である。ミキハウスを退社し、この春、徳島に入団している。

最大のストロングポイントは、最速159キロのストレートだ。主にセットアッパーとして22試合に登板し、3勝0敗1ホールド。防御率2・31（投球回39）。51個の三振を奪い、奪三振率は11・77という高い数字を残している。

島原中央高時代は捕手であり、ミキハウスへは投手として入社した。1年目は活躍する機会もあったのだが、腰痛を発症し、2年目はほとんど登板していない。それどころか、ブルペン捕手を務める機会が多かった。腰のケガが癒えた3年目、シーズン開幕前に自己最速となる148キロを計測するなど、出だしは快調だった。だが、登板機会はほとんど与えられず、シーズン終了後に「来年は契約をしない」と通告されている。

ミキハウスからは2020年に佐藤靖剛内野手、2021年に野木海翔投手の2人が徳島に入団している。佐藤はコロナ禍によって社会人野球の大会が中止になったことを受け、NPBへ進む可能性と自身の年齢とを考慮し、退社を申し出ていた。徳島では2年目に主将を務めている。野木も150キロを超えるストレートを武器にクローザーとして活躍した。2022年のみやざきフェニックス・リーグでは、NPBの若手を相手に快投を演じている。

だが、NPBの扉を開くことはできず、この年を最後にユニフォームを脱いでいる。知らず知らずのうちに、椎葉が2人の思いを背負っている部分はある。

「野木さんには一緒にトレーニングしてもらったりして、お世話になっていました。徳島に行くから辞めるってなって。野木さん、会社と結構揉めたんですけど……」

独立リーグからNPBを目指す、などと大きな口を叩いても、結局、行けていないじゃないか！　古巣からは、そういう目で見られているはずだ。ましてや社会人野球をシーズン途中で退部した後、よそでプレーすることはご法度と言ってもいい。

「その2人が行けなかった分、何としてでも自分がＮＰＢに行って、成功して見返したいなあと思ってますね」

2月のキャンプ時、椎葉が練習試合で投げたストレートが早くも150キロに達する。実は社会人野球で投手に転向してからは、あまり積極的な技術指導を受けていない。変化球のコントロールの精度が低く、キャンプでは変化球の習得に時間を費やしていた。

「徳島に来て、ターニングポイントになったのは間違いなくあの試合です」

そう話す1戦がある。後期開幕戦となった対愛媛後期1回戦（6月24日、坊っちゃんスタジアム）だ。8回裏から4番手としてマウンドに登ると、154キロを皮切りに157キロを連発した。

この愛媛戦での快投以降、椎葉への注目度が急速に高まっていく。最後のマウンドとなったグランドチャンピオンシップ準々決勝、対富山ＧＲＮサンダーバーズ戦（9月29日、坊っちゃんスタジアム）の6回裏、三番手としてマウンドに登り三者凡退、2つの三振を奪ってみせた。4球目に自己最速を2キロ更新する159キロを計測している。

椎葉に調査書を送った球団は11球団、これは2023年の四国リーグにおけるドラフト候補

20人中、最も多い数字である。ドラフト2巡目、阪神が椎葉を指名した。

その瞬間、ポン！　っと手を叩き、椎葉の上半身が前のめりになる。すぐ後ろにいた南代表と岡本監督が同時に立ち上がった。一瞬の歓喜の後、球団が配信するYouTubeのスタジオに呼ばれている。

「先に大谷くんが呼ばれて、ちょっと悔しいなあと思っていた、その次に呼ばれたんで。うれしかったですね」

阪神の1つ前、ロッテが2巡目で指名したのは、グランドチャンピオンシップで椎葉が登板した直後、7回表のマウンドに登った大谷輝龍投手（富山GRNサンダーバーズ）だった。早くも2巡目で独立リーガーが2人も指名された。2巡目指名は独立リーグ最上位タイ、四国リーグでは2013年に香川の又吉克樹（ソフトバンク）が中日から指名されて以来の快挙である。徳島では2017年、伊藤翔（西武）の3巡目指名を上回る最上位指名となった。

国立大学出身・異色右腕

例年なら1人目の指名があるまで、とても長く時間がかかる。だが、椎葉が早くも2巡目で指名されたことで、大量指名の予感がよぎり始めていた。

これまで徳島からの最多指名数は３人。２０１９年（上間永遠／西武７巡目、岸潤一郎／西武８巡目、平間隼人／巨人育成１巡目）と、２０２２年（日隈モンテル／西武育成２巡目、中山晶量／日本ハム育成２巡目、茶野篤政／オリックス育成４巡目）の２度である。

宮澤太成の評価が上がっている――。

そんな噂が流れ始めたのは、ソフトバンク３軍との対戦を終えた、９月の九州遠征（９月９日～11日、タマホームスタジアム筑後）以降のことだった。ドラフトまであと40日ほどのタイミングになって、急に名前が挙がり始めたため、今シーズンのドラフト候補を紹介する雑誌に宮澤の名前は見当たらない。

それはある意味、仕方ないことだった。開幕から５試合目の対香川前期４回戦（４月１日、志度総合運動公園野球場）に登板して以降、７月末まで登板機会がない。

「普通に実力不足で出られてなくて。ソフトバンク戦の練習試合とかもちょこちょこ投げてたんですけど、まあ、出ては打たれてみたいな……」

投手がベンチ入りできる枠が７～８人、最速１５０キロを超える投手の数が10人いる２０２３年の徳島で、そこに食い込むのがどれほど難しいことか。当初、思い描いていたよりも圧倒的に高いレベルに、宮澤が気後れしていることは間違いなかった。

長野の進学校、長野県長野高校から一浪して北海道大学法学部に入学した。大学３年時の春に初めて150キロを投げている。実は2年時に留年しており、野球部としては4年目の大学3年生になる。このころから徐々にNPBのスカウトが練習を見に来てくれるようになった。大学で野球部に入部したころから、漠然と「NPBでやりたいなあ」という希望はあった。秋のリーグ戦が終わり進路を決めるとき、それが明確な目標となる。

「NPBを目指したい。NPBに一番近いチームは……徳島インディゴソックスだ」

徳島のことは、投手の球速を上げるのがうまいチームらしいと、高校時代から興味を持っている。

「独立リーグでやるなら、インディゴソックスしかないでしょ！」

千歳市に「トランシスベースボールクラブ」というクラブチームがある。監督を務める本間篤史は2006年、夏の甲子園3連覇に挑んだ駒大苫小牧高校の主将だ。亜細亜大でも主将を務めたあとJR北海道を経て、現在はトランシスの監督兼外野手を務めている。

留年しているため、来年すぐに社会人チームに入ることが難しい宮澤のことをスカウトしたかった。

「ウチで1年やって、その後入れる社会人チームを用意するから、ウチに来ない？」

「いや。僕、独立リーグでやるつもりです」

「そうか。分かった。そこまで言って動かないならオッケー。宮澤くんの挑戦を応援するよ」

本間は徳島で代表を務める南と知り合いだった。本間を介して南代表を紹介してもらい、やがて入団へとこぎつけている。

大学時代、最大の武器だったカットボールが通用しない。投げる球の約半分が、球速135～140キロほどのカットボールなのだが、ことごとく弾き返されてしまう。

「どうしようかな。ヤバいな。いまの投球スタイルで良くなっても、なんかスカウトにあまり響かないんじゃないかな……？」

何かを変えなければ、きっとスカウトに見てもらえない。逆に考えれば、投げ方なり、投げる球種の割合を大きく変えることで「変わったな」と思ってもらえるのではないか？「ちょっと見てみようか」と思ってもらえるのではないか？

苦悩し続けた4月、5月が過ぎ、6月以降、それまで投げる球種の割合にすれば、全体の10パーセントほどしか使っていなかったフォークボールを磨いた。投球フォームもテークバックを小さくするなど試行錯誤している。打者に見えにくくて、下半身の動きと連動するように投げたい。すると、フォームは自然と小さくなっていった。

「7月の中旬ぐらいから、ちょっとずつ感覚をつかみ始めていて。これはもしかしたら、いけるんじゃないかな？　っていう感覚はありましたね」

だが、練習生から登録選手に上がるチャンスが巡って来ない。最も苦しかったのは、試合に出られなかったことだ。試合に出られなければNPBに行けるわけがない。それは自分の夢へと続く階段を、毎日1段ずつ強制的に下ろされているような感覚だった。

「毎日、毎試合、公式戦あるごとに。『もう今シーズン、あと○試合しかない』って。ああ、今日も投げられなかった。今週もベンチに入れなかったから、5段分。今週の5試合分、投げられないから、5段分下りたな……」

公式戦では、練習生が裏方を務める。米本元子マネジャーは、宮澤とこんな話をしたことを覚えている。

「裏方として音響を手伝ってくれるんですけど。すごく思い詰めてるふうで。『どうした？　宮澤』って聞いたら『いや、いまスピードガン・コンテストやってるじゃないですか。僕、いまアピールする場がなくて。首脳陣にアピールする場もなくて、スカウトさんにもアピールする場がないんで、スピードガン・コンテストに出ていいですか？』みたいな。ふざけてんのか？　と思うけど、本人はいたって真剣で。もうそこに出て、どうにか自分を見てもらいたいって」

5回終了時のグラウンド整備中、主に小学生がマウンド付近から投げたボールを、スピードガンで計測するイベントがある。そこで自分をアピールできないか？

結局、実現することはなかったが、それほどまでに思い詰めていたのだ。

やがて、これが最後とも言えるチャンスが7月末に訪れる。練習試合として行われた対ソフトバンク3軍戦（7月31日、むつみスタジアム）で、ベンチ入りしていない投手に登板の機会が与えられた。ここで試合に出ないと、スカウトにアピールできない。もし、いいアピールができれば、公式戦で投げられるかもしれない。

「ずっと懸けてたんですよ。その2カ月ぐらいの集大成を発表して、もしここでダメなら後期、投げられないし。もう人生の分かれ目ぐらいの試合で懸けてたんですよ。人生ラスト登板ぐらい懸けてて。で、その日、朝起きたら、熱が38度5分あって……」

真夏の太陽の下、マウンドに登ると頭がクラクラする。自分自身に必死に言い聞かせた。

「ここが勝負どころだ！」

「これに勝ったら俺はNPBに行けるぞ！」

3回表からマウンドに登り、打者3人を空振り三振、左飛、一邪飛に抑えた。4回表、先頭打者を三振に仕留めたかに見えたが、捕逸となり出塁させてしまう。続く2人を連続三振に抑える間に、暴投で1点を失ったが、最後の打者を遊ゴロに打ち取った。2回を投げ1失点（自責1）無安打、4奪三振。マウンドを降りると、岡本監督が声をかけてくれた。

「すごく良かったよ」

「あ、ありがとうございます！」

もういつ倒れてもおかしくないほどフラフラだったが、監督からの賛辞が胸に響いた。

「そんなこと初めて言われて。それまで試合にも投げてないですし、褒められることがなかったんで。初めて褒められて、まあ嬉しかったですね。やっぱり認めてもらえたってところは、すごく嬉しかったです」

8月に入り、セットアッパーとして見事な投球を披露するようになる。12試合に登板、3勝2敗3ホールド。防御率5・12（投球回19回3分の1）、21奪三振でシーズンを終えた。

ファンの前で躍動する姿を見せたのは後期に入ってからの11試合だけ。たった12試合しか登板していない宮澤が、西武からドラフト5巡目で指名されたことも大きなサプライズだった。

名前を呼ばれた瞬間、あっけにとられたように放心していた。

三度目の正直に懸けるバットマン

ドラフト6巡目に入ると、そろそろ「選択終了」を宣言する球団が現れ始める。井上絢登に調査書を送った球団は、椎葉に続いて多い7球団だ。そのなかにＤｅＮＡがある。だが、井上は指名が進んでいく様子を見ながら、「ＤｅＮＡはないな」と思っていた。

「1位で度会を獲った時点で、ないなと思ってました。同じタイプだなと思って」

1巡目で3球団の競合に勝ち抜き、外野手の度会隆輝（ＥＮＥＯＳ）の交渉権を獲得したことで、状況は厳しくなっている。さらに選択終了が出始めたことに内心、焦り始めていた。

福岡大4年時、そして徳島に入団して1年目の昨年と、2度も指名のチャンスを逃している。

「自分はドラフト自体が3度目なので。『三度目の正直』で、このドラフトにかからなかったら、ホント野球を辞めるぐらいに考えていて。もう独立ではやらないし、辞めないといけないっていう家族とのアレ（約束）もあるので」

1年目だった2022年、本塁打王（13本）と打点王（41打点）の二冠に輝いた。3球団から調査書が届き、指名を待つ席に着いている。だが、指名はなく、同じ外野手である日隈モンテル（西武育成2巡目指名）と茶野篤政（オリックス育成4巡目指名）が歓喜に包まれる姿を複雑な心境で見ているしかなかった。

6月に打率3割を切ってから再浮上することができず、最終打率は.246（14位）で終えていた。いまの自分なら確実に指名されるはずだ、などとはとても思えなかった。

「去年の成績じゃ行けないっていうか。最後のほうじゃ、もうかかんないなって思ってた」

すべてが終わった後、1人でジムへ直行している。

「その日の夜、行きました。1人の空間の、個室のジムがあるので。1年間、ここからスタートっていうつもりで。悔しさもあったし、このまま終われないっていう。モンテルも茶野も（NPBに）行ってるし、それもあって」

「最後の1年」と覚悟を決めて臨んだ2年目に目指した成績は、打率・350、本塁打10本、30盗塁である。もっと打率を上げたい。だが、本塁打は3本減る計算だ。本塁打を狙わなくてもスタンドに入る「形」を作る。出塁率を上げ、低いライナー性の打球が長打になるイメージで、あらゆるボールに対応していければ……。

「即戦力で使える打者になっていきたいなっていう気持ちがあって。そこまでにならないと、この歳（23歳）では上には行けないなっていう……」

だが、開幕してしばらくは前年のような迫力あるスイングが見られなかった。あのパワフルだったスイングが消え、引っ張らない代わりに、井上らしい強い打球も消えてしまっている。何より、打席に立っていて怖さがない。

バックスクリーン方向に向かって、突き刺さるような打球が出始めたのは5月終盤だ。対高知前期10回戦（5月26日、むつみスタジアム）で、右翼に2打席連続本塁打を放つ。井上の新しいスイングが完成していた。試合後、岡本監督が言った。

「勘違いしていたところを、ようやく理解できた」

目指していたのは155キロのボールを打ち返せるスイングだった。しっかりボールをコンタクトできるフルスイング。「コンパクトフルスイング」を自分のものにした。155キロを打とうとする過程で、スイングは自然とコンパクトになっていた。

67試合に出場し、打率・317（2位）、39打点（1位）、14本塁打（1位）。惜しくもリーグ初の三冠王は逃したが、2年連続打撃タイトル二冠を獲得している。出塁率・424（1位）長打率・570（1位）2つを合わせたOPSは・993（1位）と、打者としては申し分のない成績で2年目のシーズンを終えている。

だが、打撃力だけではNPBに行けない――。それも1つの真実である。

「サードができるようになったらいいなあ」

さかのぼって1年目のドラフト前日、フェニックス・リーグが行われていた宮崎から徳島に帰るため、大分・臼杵から愛媛・八幡浜へ渡るフェリーの中で、橋本コーチからそう言われた。

「まあ、指名されるかされないか、どっちに転んでも、サードができるようになったらいいな」

外野手としてだけでなく、内野手として守れることもアピールしたい。だが、三塁手として出場するためには当然、球団内の競争を勝ち抜かなくてはならない。秋から自発的に三塁手のポジションに入り、ノックを受け続けていた。

その内野手としての守備力が評価された。ドラフト6巡目、DeNAが井上を指名する。井上よりも先に南代表が立ち上がる。大きく拍手しながら岡本監督、井上と握手を交わした後、南代表が両手で顔を覆って泣いていた。

実はこのとき、フロントスタッフ、首脳陣は大きな不安の渦中にいた。井上の本命と見ていた球団が、6巡目に入り「選択終了」を宣言してしまったからだ。これは無理かもしれないという重たい空気が、関係者の間に漂っていた。野手では最もハードルが高いと言われる「左打ちの外野手」だ。南代表の涙は、不安から解き放たれた安堵によるものだった。井上が言う。

「南代表とは、ずっとNPBに行くための話をしてて。もうシーズン通して2人で相談とか、いろいろしてたので。NPBに行くために、一番考えてくれてました」

打撃の状態が上がってこないとき、そばで支え続けてくれていた。

「まだ全然、大丈夫やぞ！　お前は大丈夫や！ っていうぐらいの気持ちでええよ。俺が後で追い抜くからな！　っていうぐらいの気持ちでおれ！」

「今のうちにヒット打っとけよ！　っていうぐらいの気持ちでおれ！」

そんな言葉が、井上の心に残っている。

午後7時16分、最後まで指名を続けていた楽天が、9巡目に「選択終了」を宣言した。指名された72人のうち、独立リーガーは6人である。四国リーグ3人、ルートインBCリーグ2人、日本海リーグ1人。四国リーグの3人は、すべて徳島の選手だった。

カナダからやってきた「ジョー」

午後7時30分、ここから始まる育成ドラフト会議が、残る5人にとって最後の勝負となる。欠席した楽天を除く、11球団が指名の席に着いている。

シンクレア・ジョセフ・孝ノ助。ニックネームは「ジョー」。

カナダ人の父親と日本人の母親の間に生まれた。193センチの上背から独特のフォームで投げるストレート、キレのあるスライダーが武器の左腕だ。メアリー大（ノースダコタ州）を卒業後の5月19日、徳島に途中入団した。

大学院に進学し、もう1年大学で野球を続ける選択肢もあった。しかし、上を目指すなら日本の独立リーグでプレーするほうがチャンスは大きいと考え、日本に行くことを選んでいる。母にしっかり教育してもらったおかげで、日本語はペラペラである。

「去年、結構インディゴについて調べたり、日本の独立リーグについて調べたんですけど、やっぱり、年（年齢）が武器になるんで。いま行っちゃえば、大卒の選手と勝負ができるって思って。同じ扱いでドラフトにかかるかな？　っていう感じだったので」

野球を始めたのは、母の故郷である埼玉県吉川市で暮らしていた小学2年生のころだ。それ以来、いつか日本のプロ野球で投げてみたいという夢を持っている。

3度目の登板となった対愛媛後期4回戦（7月22日、むつみスタジアム）で初先発し、5回を無失点、初勝利を挙げている。主に中継ぎとして11試合に登板し、徳島の後期優勝に貢献した。最終成績は1勝0敗1ホールド。防御率0・67（投球回27）である。

少ない登板回数がどう評価されるのか？　今年のドラフトには間に合わないのではないか？　そんな下馬評もあった。調査書が届いたのは4球団、そのなかに西武が含まれている。

「思いましたよ。先に宮澤さんが指名されたとき、あ、西武はないのかもなって」

5巡目まで続けて投手を指名し、5巡目に徳島から宮澤が指名された。ここまで西武が指名した7人のうち、6人が投手である。まさか、育成1巡目で自分の名前が呼ばれるとは思っていなかった。呼ばれた瞬間、スーッと体から力が抜けた。

「休憩があったときに、明らかに僕の顔が不安だったみたいで。南さんも岡本さんも、僕のほうに来て『大丈夫、大丈夫』って言ってくれたんで。まあ一回、これから仕切り直してってという感じでしたね。だから、めちゃくちゃうれしいのと、なんか肩の力が抜けたっていう。一瞬でしたね。まあ、ゼロから100になってうれしかったので」

打者として指名された控え投手

ドラフト2週間前、まだ谷口の元に調査書は届いていない。諦めてしまいそうな気持ちを振り払いながら、秋季練習中のグラウンドにいた。

1週間前となり、12球団最後の調査書が届く。その球団は西武だった。

「もう自分は、今年ないんだなあっていう思いで練習やってて。で、最終的に西武さんだけが残ったんですよ。これで調査書が来なかったら自分、今年ダメだなあっていうのをずっと思ってて。そう思ってたら、1週間前ぐらいに紙（調査書）いただいて。あ、可能性ワンチャンあるんだ！　って。もう祈るだけでしたね」

本来なら「超」が付くほどポジティブな性格だ。宮澤が以前、話していたことがある。

「あいつ、ずっと『NPBに行きたい。今年1年しか見てません』みたいなこと言ってて。試合に出てないときも、『僕、今年NPBに行くんで。大丈夫です！』とかずっと言ってるし。『行けない』って言葉を一切言わないんですよ。もう『行けるとしか思ってないです。行けないって言った瞬間、行けなくなりますよ』みたいな」

だが、そんな谷口でも現実を見れば、さすがに弱気にならざるを得ない。なにしろ試合に出ていないのだ。公式戦3試合に中継ぎで登板しただけ。しかも、防御率は9・00である。19歳という若さがあるとは言え、自分の何を信じてドラフトに臨めばいいのか？

「いや、だって正直、試合にも出てないですし。スピードは出してましたけど、自分のなかでもいいタイミングで見せられたか？　って言われたら、そういうタイミングで出せなかったので。ドラフトにかかるかな、とは思ってなくって……」

シンクレアと同じだ。宮澤が指名されるまでは、まだ希望を持っていた。だが、そのシンクレアも西武から指名されたことで、可能性は完全になくなったと思っている。いくらなんでも3人目は……。

「でも、1個考えてたのが、野手で呼ばれるならその2人は関係ないなって思ってて。だからまだワンチャンあるな、とは思ってたんですけど……」

広陵高校時代も控え投手だった。監督、コーチから「お前、いいぞ！」と言われ続けながらも、結果を出せないまま2年半の高校野球を終えている。しかし、プロ野球選手になりたいという夢は、ほんの少しも消えていない。

最後の夏を終えて、思ったことがある。

「高校野球ってメンバーもいれば、控えもいるわけじゃないですか。控えから1年で変われたら、控えの子たちに夢を与えられるなっていうのを、3年生の夏が終わってから思い始めて。控えに夢とか希望を与えられたら、なんか自分の価値がもう1つ上がるなって思って。だから1年で勝負したいなって」

50人いる同級生たちは、ほとんどが進学を選んでいる。広陵・中井哲之監督に申し出た。

「どうしても1年でプロに行きたいんで。絶対1年で成功させるんで、独立で勝負させてください！」

ずっと反対し続けていた中井監督だったが、ついに折れた。

「お前にその覚悟があるんだったら、本気でやりなさい」

そして、徳島への入団が決まる。

若いから、あと何年かチャンスがあるなんて思いたくもない。今年、NPBに行く。その思いだけで1年間やってきた。来年のことなんて考えたくない。

「モチベーションっていうよりは、やらないといけないっていう。もう来年のことを考えたら終わりだと思ってるんで。じゃあ何のために独立に来たのか？　が分からなくなる」

育成ドラフトは1巡目を折り返し、2巡目に入っている。ここまでシンクレアを含め、5人の独立リーガーが指名されていた。

西武が谷口を指名した瞬間、驚いた者は少なかったはずだ。噂通り、投手ではなく内野手としての指名である。西武の関係者が徳島の練習グラウンドに足を運び、打撃力、守備力を確認したうえで、その潜在能力に「GO！」を出しての判断だった。

過去最多6人のドラフト指名

谷口に続き、育成2巡目で愛媛・菊田翔友投手が中日から指名を受ける。3巡目で巨人から愛媛・宇都宮葵星内野手が、同じく5巡目でオリックスから愛媛・河野聡太内野手が指名を受け、四国リーグからのドラフト指名は計7人となった。

だが、徳島ではまだ3人が指名を待っている。

5巡目が終わった時点で、指名を続けている球団は6球団となった。6巡目が終わると、ソフトバンク、巨人、西武の3球団となる。7巡目、西武も選択終了を宣言した。

ソフトバンクが7巡目に藤田淳平を指名したとき、テーブルの右端に座っていた藤田が立ち上がり、両手で頭を押さえた。YouTubeの配信ブースに移動した後、涙にくれている。

ドラフトの前日、南代表に自ら訴えていた。

「来年もインディゴでやらせてください」

「持ってるものはあるんやから、継続してやれ。お前はちゃんとやらんから……」

南代表から、取り組みの甘さをたしなめられている。説教混じりに「ちゃんとやれよ」という話をされたが、覚悟はしていた。すでに両親にも「もう1年やらせてほしい」と頼んでいる。

9カ月前、シーズン開幕前に球団フロントが予想していたドラフトの大本命は、藤田だった。

快調にアピールを続け、前期は10試合に登板、8試合に先発し、3勝を挙げている。防御率1・17（投球回46、2位）、54奪三振（1位）、奪三振率10・57（2位）と、期待通りのパフォーマンスを披露していた。

しかし、後期に入ると前期の好調さが消えてしまった。「過去最高レベル」と言われた今年の投手陣のなかに埋もれてしまっている。ケガもあり、後期の成績には納得できていない。

「前期のままやったら、（投手タイトル）三冠狙うぐらいの勢いで、『あ、いけるわ』と思っとった。ちょっと自分の中で、余裕余裕と思ってた」

課題となっていたのは、ストレートの球速が足りないことだった。だが、140キロ台後半を表示したボールは球質が良くない。自分では142〜143キロくらいのほうが、いい回転がかかっていると感じる。そんなジレンマとも戦っていた。

不完全燃焼のままシーズンを終えたが、それでも成績は残した。19試合に登板し、5勝3敗3ホールド。防御率1・51（投球回65回3分の2）は、左腕・池戸昇太（名城大）と並び、最優秀防御率のタイトルを獲得している。75奪三振は3位タイ、奪三振率10・28はリーグ2位という好成績である。なんとか滑り込んでのNPB入りとなった。

ソフトバンクが8巡目に長水啓眞投手（京都国際高）を指名した後、巨人が選択を終了する。9巡目にソフトバンクも選択を終了し、午後8時29分、2023年のドラフト会議は終わった。

指名されたのはドラフト指名72人、育成枠指名50人の計122人である。

徳島から指名を受けた6人は、この後ファンが待っているセントラルコートで記者会見を行う。最後まで指名を待っていた増田将馬、白川恵翔の2人は、ここで帰路につくことになった。すごい結果になった。それは間違いない。弾けるような笑顔を見せていた南代表だったが、時折悔しそうな表情も見せている。

「想像していた結果には近いです。想像していたのは『7』でした」

白川を指名してもらえなかったことに、大きな悔しさが残っている。地元・池田高から徳島に入団して4年目、進化した姿を見せてはいたが、NPBに受け入れてもらえるだけの評価は得られなかった。

2024年、5年目のシーズンに挑んだ白川は5月22日、KBOリーグ（韓国プロリーグ）のSSGランダースに期限付きで移籍している。5試合に先発し2勝2敗の成績を残した後、当初の予定通り自由契約となり、ウェーバー公示された後の7月10日、斗山ベアーズに入団した。斗山では7試合に登板し2勝3敗。その後、右肘を痛め、9月4日に退団した。

主将を務めた増田にとっては、これが2年目の挑戦だった。打率・309（4位）、25打点（11位タイ）、1本塁打。37盗塁で盗塁王のタイトルを獲得している。内外野を守れるユーティリティー・プレーヤーとしての実用性をアピールしたが、25歳の野手という年齢の壁を超えることはできなかった。

増田は徳島を退団後、ＮＰＢのファーム球団として新たに創設された、くふうハヤテベンチャーズに入団している。7月に行われたフレッシュオールスターゲームに五番・左翼手として出場するなど活躍を続けている。ウエスタン・リーグでの成績は打率・３０１と、現在2位の位置にいる（9月17日終了時）。

独立リーグが秘める可能性

6人の指名は過去19年の徳島の歴史において、最多の数字である。支配下での3人の指名も最多なら、椎葉の2巡目指名はリーグ最上位タイ、球団としても過去最高順位となった。

長かった3時間半が終わり、徐々に緊張感が解け始めている。設営された舞台上では、スタッフたちがあわただしく会見場を作っていた。報道陣が席に着き、その後ろでは大勢のファンが指名された6人を待ち構えている。

応援歌『藍の勇者たち』が流れるなか、南代表、岡本監督と共に、6人がエスカレーターを降りてきた。ステージ上で一列に並び、これから喜びの声を発することになる。

シンクレアの母も、その様子を吹き抜けとなった2階から見つめていた。この日のために埼玉から徳島まで駆けつけている。シンクレアが言った。

「上からこっそり見てたらしいです。普通にうれしそうでした。感情をあまり出さないタイプなんですけど、でも、『良かったね』って」

カナダ・バンクーバーにいる父、埼玉の祖父母も、YouTubeの生配信を見ていた。

井上は会見を終えると、その場にいた父・勝貴さんとハイタッチした。ドラフト前日の昨夜は、井上の部屋で一緒に過ごしている。

「あしたは名前、呼ばれるだろう。これで呼ばれないとおかしいだろう！」

「まあまあ、ドラフトは運だから……」

そんな会話をしながら床に就いていた。

福岡の自宅で吉報を待っていた母・由美さんに電話を入れると、うれしそうな声が聞こえた。

「安心した。良かったね！」

岡本監督は2020年にコーチ兼球団戦略アドバイザーとなり、2021年からは監督を務めている。就任して2年目のドラフトで、過去最高の結果を出した。

「(NPBに)上がらんかったヤツもいるんですけど、ま、100パーセントじゃないから。まあ、その中でね。まあまあ、6名出せたということは大きい」

ポテンシャルの高い選手たちが集まったからといって、絶対にNPBに行けるというものではない。1年をかけて積み上げてきたものが、認められた6人だ。NPBのレベルに達するために努力を続け、その結果、NPBが「獲る」と決断してくれた。

「上げてもらえるように選手たちも頑張ったし。結局、NPBに上がるっていうことは、プロでやっていけるだろうっていう実力を見せてくれたってことなんで、良かったです」

過去19年間で最高の結果に、やってきたことが間違いではなかったことが証明されている。南代表も気勢を上げる。

「もし独立リーグ日本一を3年連続とか4年連続で獲れるようになったら。それこそ次は、やっぱり社会人に挑んでいきたいですし。なんか、そういうルールが変えられるように。サッカーの天皇杯みたいな大会が開催できるように。そういうふうにはしていきたいなと思います」

独立リーグの枠だけにとどまらない、大きなうねりを日本球界に構築する。そこを目指すためには、まだまだ実績を積み上げていくことが必要だ。そこには前人未到となる、独立リーグからのドラフト1位指名選手誕生も含まれる。

初めて徳島からドラフト指名選手が誕生してから17年、1年で6人をNPBに送り出す球団になった。前年に指名されなかった井上が、すぐさまトレーニングに向かったように、翌年のNPB入りを目指す挑戦は、もう始まっている。

ステージではスーツ姿の6人が、笑顔でファンと喜びを分かち合っていた――。

第2章

育成ノウハウ

荒井健司
殖栗正登
南啓介

球団オーナー兼GM

徳島から多くの選手がNPBへ輩出されるようになった理由を探ると、試行錯誤を繰り返しながらその育成方法を作りあげていったことがよく分かる。

「徳島では、こういうふうに育成します」

輩出される選手が多くなるにつれ、実績も実例もデータも溜まっていく。それにより実績とやっていることの整合性が取れる。それによって、獲得したい選手への説得力が増す。

荒井健司オーナーが言う。

「ウチに来たら、どういう育成システムがあって、どうやってNPBまで行くのか？　っていうストーリーを、明確に提示できるっていうのがすごくいいですよね」

現在のスカウティング体制が整う第一歩は2015年だった。その前年、2014年11月、高知県土佐清水市を舞台に「トライアウト・リーグ2014」（2014年11月4日〜13日）が開催されている。選手獲得のために10日間という期間を設けて、選手の体力面、技術面、人間性などをテストする。また四国リーグの首脳陣も全面協力してアドバイスを行うことは、選手に対してもメリットになる。このイベントに携わっていたのが荒井オーナーだった。

このトライアウトで吉田嵩投手（長崎・海星高）を獲得している。

当時はまだトレーニング施設がなく、選手の体をケアするための整骨院しかなかった。

「しっかり体を作って、150キロを投げられる投手を育てよう！」

それが最初のメインテーマだった。これが後の「インディゴコンディショニングハウス」設立へとつながっていく。

荒井オーナーは株式会社WoodStockの代表取締役を務める。インターネットメディアを運営する同社は、ネット上で『ベースボールドットコム』『高校野球ドットコム』『社会人野球ドットコム』『ドラフトドットコム』などを運営する。

かつては自身も高校球児だった。2007年、証券会社の営業マンから起業しようと一念発起した際、ITと好きな野球でビジネスができないか？　と考えた。野球への情熱がつのり、現在のビジネスにつながったと言っても過言ではない。

つまり、徳島はインターネットメディアが保有する球団ということになる。スカウティングのための情報を集めるために、これは非常に有益だ。高校野球ドットコムのスタッフや、取材で付き合いのある高校の野球部側から「こういういい選手がいる……」という情報が集められる。

近年では山崎正義（紅葉川高）がそうだった。たまたま日野高校対紅葉川高校、都立高校同士の試合を見に行ったスタッフから「16三振取った投手がいる！」という情報が上がってきたことがきっかけである。ＷｏｏｄＳｔｏｃｋが設立されたのが四国リーグ創設から2年後の2007年、それ以来、地道に培ってきたパイプがある。これは簡単には真似のできない、徳島ならではの独自性だ。

ＷｏｏｄＳｔｏｃｋでは月2回、スカウティングに関する編成会議を行っている。荒井オーナーにスカウティングが始まる時期について聞いてみた。

「スタートというよりもずっと連なってるイメージですよ。誰が次こうなるとか。高校時代は断られちゃったけど、大学生になって、もう一度交渉したいと思う場合もあるじゃないですか。中山（晶量、日本ハム育成）なんかそうですね」

中山には鳴門高校時代に交渉したが断られた。その後、明治大4年時に面談にこぎつけた。同じ日に社会人の強豪チームと面談を行ったが、徳島のプレゼンに心を動かされ、その社会人チームへの入社を断ったという実例がある。

スカウティングには始まりも終わりもない。いい選手に関する情報を、アンテナを張り巡らせてずっと追いかけている。

選手を獲得するＮＰＢ球団の場合、春の時点で200人ほどをリストアップする。ドラフトが近づくにつれて最終リストアップ者を絞り込んでいく。だが、徳島は逆である。

「最初からゼロスタートはないですけど、大体10、20人ぐらいからのスタートで、最後は20

0人ぐらいまで行って。ちょっと増えてますね。ただ、テーマはそれぞれ違いますね。一時期は大型の選手を獲ろうというときもありましたし、高卒の選手をしっかり獲ろうっていう時期もありました。その時のチームのテーマによって全然違うんですけれども」

いまから4年ほど前、荒井オーナーを取材した際に「ウチは獲る選手の年齢層からして、他球団とは違うんです」と語っていたことがある。はっきりと可視化されたグラフには、他球団が23〜26歳の、野球選手として脂の乗っている年齢層の選手を多く獲得しているのに対し、徳島は19〜23歳のNPBのドラフトに指名されやすい年齢層の選手たちを多く獲得していた。

「最近、やっと大卒2年目の選手がNPBに行くようになって。井上（絢登）や中山が行ったりとかすると、ちょっとバランスが変わってきますよね。僕らも行ける選手を獲りたいので」

2024年度のチーム全体の平均年齢は22・3歳である。新入団選手21人のうち22歳以上の選手が16人と多い。結果的に大卒の選手が多くなってしまった。選手には背筋が寒くなる話だが、岡本哲司監督にはすでに、チームが始動する時点で「大卒の選手はよほどの実力がないと来年は契約できないから、よく見ておいてください」と伝えてある。スカウティングで獲得した選手、関係者からの紹介で獲得した選手など、今年度は少し年齢層が高すぎる。25歳になる選手が4人いる年は、近年の徳島では珍しい。来シーズンのチームに希望する年齢構成は、すでに岡本監督に伝えられている。コロナ禍以降、高校生獲得の交渉が難航した部分もあった。来シーズンは本来の、高卒の選手を多く獲得したい意向を持っている。やはりドラフトにおいて年齢の壁は高い。

「いい選手なんだけどねえ。25歳かあ……」

と、スカウトが獲得に難色を示している場面は何度も見てきた。若いということは、それだけでNPBに入る可能性を大きく高める。

高校生を獲得するために学校を訪問する際は、荒井オーナーが直々に出向く。スカウティング活動を始めて10年が過ぎ、何か変わったものはありますか？　と尋ねた。

「訪問する回数は変わらないですけど、訪問を狙ってる選手の質は上がってます。あと、今年のテーマは、『やっぱり1丁目1番地の選手を獲りに行こう』。そういう選手に独立リーグに来てもらいたいっていう気持ちがあるので」

1丁目1番地の選手。つまりドラフト1位の選手、という意味だ。

「1丁目1番地の選手に来てもらうと多分、リーグの価値も上がってくると思うんですよ。そこまでを見据えて『1丁目1番地の選手を！』という形で、だんだんこの中央球界のど真ん中の選手のエースクラスを。たとえば声をかけた選手が『トヨタと被ってる』とか、今年結構いるんですよ。そういう一流の社会人企業と被っても獲りに行こうって動いてるので。特に4月、5月は、社会人の一流どころが決まる時期なので。いままでは、そういうところは外していたんですけど、今年は1丁目1番地の選手をしっかり、堂々と獲りに行く。年々そういう傾向は強くなってますね」

将来性のある選手が来ても、ウチなら育成できる。その仕組みができている自信があっての言葉だ。４年前ならまだ、そこまでの自信をもって獲得に行けなかった。逆にいまは徳島のビジョンをしっかり理解してくれる選手を獲りに行っている。

高校の監督に「この選手なら、ウチの育成プランでこうなります」と示せるようになった。それが大きい。どんなトレーニングをするのか。トレーニングのケアはどうなっているのか。そのノウハウを持っている。

よく南啓介代表が、新入団発表会見の席で口にする言葉がある。

「今年は体の大きな選手を集めました！」

「今年は足の速い選手がたくさん集まりました！」

つまり、その年ごとにテーマをもって選手を獲得している。荒井オーナーが続ける。

「やっぱり、そのときのドラフトの流れがあるじゃないですか。たとえば、去年のドラフトだったら、下位指名に社会人の選手が多いんですよ」

即戦力になる社会人野球所属の選手が多く指名される傾向がある。それを受けて「少し年齢を上げてもいいのかな？」と考えた。この方針に沿って獲得したのが、いまやエース級の活躍を見せている川口冬弥（ハナマウイ）であり、クローザーとして高いポテンシャルを発揮している宮路悠良（ミキハウス）である。２０２４年に25歳になる彼らは、このゾーンでドラフト指名の椅子取り合戦に参加することになる。

ちょっと前までは一芸を持った選手が指名されることが多かった。富山ＧＲＮサンダーバーズにいた、俊足が売りの和田康士朗が２０１７年、ロッテから育成１巡目で指名された。徳島で40盗塁を記録し、盗塁王を獲得した村川凪も、２０２１年にＤｅＮＡから育成１巡目で指名された。そのとき、そのときのトレンドがある。

選手を獲得するときに重視するのは、人間性だという。技術、身体能力以上に重点を置く。そこについては一貫して変わっていない。では、どんな人間性の選手を求めるのか。

「『やれるかやれないか？』っていうところがすごく大きいですね。（物事を）やり切れるか？　昨今の野球って可視化がだいぶ進んでいて、１５０キロを投げるピッチャーって作れる時代になってるので。ただ、１５０キロってハードルが高いので、しっかりやれるか？　やれないのか？　ってすごく重要ですよね」

１５０キロを投げる技術、体力があり、その上で頑張り切れるメンタリティがあるか？

「僕らが話をしても、わかりにくいんですけど。本人は『やれる』と言ってても、そんなホントのこと言いませんから。監督とかに聞きますよ。周りを調査します。今年の選手はみんな真面目ですよ。すごく」

近年、徳島はＮＰＢに選手を輩出するための育成機関、劇画『タイガーマスク』で言うところのレスラー養成機関「虎の穴」だと言われることが多くなった。だが、虎になるためにも、本人の意志が最も大事になる。

育成システム、特にトレーニング面に関しては、ほぼシステムとして完成された自信がある。「しっかり育成のロードマップを提供できるっていうのが一番。『その上で選んでください』と。どっちがいいのか本当に選んで『ウチとしては自信があるので来てください』というような言い方ですね」

ここ数年の躍進のおかげで、入団に関する問い合わせの連絡は多くなっている。すべての希望に応じられるわけはないが、そういった選手の中にも確かに好素材はいる。多いのは野手で25歳以上になる選手だ。

２０２３年に徳島で確固たる結果を残した増田将馬でさえ、ドラフトでは25歳の壁を破ることができずに涙をのんだ。徳島ではＮＰＢに手が届く年齢か否か？　を重要視する。徳島との入団交渉が決裂しても、その後、ほかの独立リーグ球団で活躍する選手は少なくない。

「監督が言うんですよ。『(25歳以上の選手でも) いたら使っちゃうんだ』って。でも野手で25歳はＮＰＢはちょっと厳しいと。増田でさえ厳しかったと。それなら若い選手を使いたい。実力は分かってて断ったって感じですね」

どういう選手が成功するのか？　これまでの経験則でそれが分かるようになってきた。

「ピッチャーに関しては、独りで群れずにできる選手ですよね」

昨年、阪神からドラフト2巡目で指名された椎葉剛について、印象に残っているエピソードがある。

「オーナー、話があります」

何かと思って話を聞いたら、トレーニング施設であるインディゴコンディショニングハウスを「午前0時以降、開けてほしい」と言う。午前0時以降に使用する場合は、トレーナーがいないと鍵を開けられない。これまで2回、トレーナーが不在で施設を使えないことがあった。

「『僕はもう、人生賭けて来てるから、12時以降もやりたいんだ』と。それはすごく印象に残ってます。そうやって、しっかり自分1人でできる選手。福永（春吾／元・阪神ほか）もそうだったし、全員そうですね」

独り孤独にマウンドで戦わなければならない投手にとっては、必要な資質なのだろう。

「野手は練習ができる選手だと思うんですよ。多分それ、体力だと思います。練習ができる体力ですかね。岸（潤一郎／西武）もしっかりやってましたし」

パフォーマンスを向上させるための「パフォーマンスピラミッド」という考え方がある。一番下層に体力があって、その上層に技術が乗ってくる。体力以上の技術は身につかない。どんなにセンスがある中学生でも、150キロは投げられない。パフォーマンスの高さは体力に比例してくる。だから、どれだけトレーニングするのか？　が重要になる。

求めるのは真面目な性格の選手だ。いい加減な人間はいらない。

「真面目な選手。真面目に取り組める選手ですね。やんちゃとかそんなの一切いらないです」

2週間に1回、フィジカルテストを行っている。これによりトレーニングの進捗状況が数値として出る。ミーティングにより荒井オーナー兼GM、岡本監督、インディゴコンディショニングハウスの代表である殖栗正登トレーナーの3人が選手の課題を共有し、育成の方向を1つにする。この連携が一番の強みだ。そのうえ、南代表が少し離れた立ち位置から選手の心の部分をサポートする「メンター」としての役割を果たしている。荒井オーナーはそれぞれの役割分担について、こう語る。

「現場からちょっと離れた人からのケアって、むしろちゃんと聞くじゃないですか。南の選手に対するケアとか、あとNPBスカウトへの売り込みとか。そこらへんはもうすごく重要な部分なので。ホント、いい形で役割分担できてるのかなと」

それぞれの持ち場で自身の力を発揮する。グラウンドで選手はパフォーマンスを発揮して、監督がマネージメントする。通常の体制では、監督、コーチら首脳陣と選手の間にトレーナーがいるのが一般的だ。だが、徳島は殖栗トレーナーと現場のトレーナーとを分けた。2024年で言えば、山崎大成トレーナーがインディゴコンディショニングハウスから派遣されており、チームに同行している。

オーナー、監督、トレーナーの三者をフラットな立ち位置にしていることも特徴だ。

「僕もオーナーじゃなくてGMとして。そのほうがフラットにできると思うんですよ」

荒井オーナーがスカウトした選手を、現場とこまめにミーティングしながら管理している。入ってくる選手のモチベーションの高さや考え方も変わってきた。NPBに行くために徳島を選んだ、という選手がたくさん集まっている。

「意識の高い選手が多いですよね。昔はもう『トレーニング行ってるか？』って話をしてましたけど、いまは『行ってるか？』なんて言わないですもん。行ってるの分かってるから」

この育成システムはこれが最終形なのだろうか。

「あとはちょっと機能的な部分。フィジカルじゃなくて、その前の段階の機能。体の機能を強化する部分を、ちょっと改善しないといけないと思っています」

5月から新たにピラティスを取り入れた。高卒の選手の育成については、まだまだ課題点があるという。球団の経営がもうちょっと安定してきたら、もっとオープン戦や交流戦を増やしたい。やはり野手なら打席数、投手ならイニング数を増やさないことには、選手はうまくならない。

良かった年、悪かった年を繰り返しながら、それでもNPBへ選手を送り込むことの自信は徐々に付き始めている。

「伊藤翔（西武）のとき（2017年）は良かった。鎌田（光津希／元・ロッテ）のとき（2018年）ちょっと危機的でしたけど（リーグ全体で鎌田1人しか指名されなかった）。やっぱり、戸田（懐生／巨人）の時からですかね（2020年）。ただ、その次の年こけたじゃないですか。ピッチャー1人も調査書来なくて」

2021年、外野手の村川凪がDeNAに、捕手の古市尊（高松南高）が西武から育成指名を受け、2人をNPBへ輩出したが、投手にNPBからの調査書が1枚も届かなかった。これが決定的な理由となり、翌年から体制を一新することになった。

新体制をつくるとき、監督となる人間には前もって説明する。

「勝つことよりも、NPBに選手を輩出することのほうが大事です」

荒井オーナーの持論として、はっきりと割り切っている。

「それは明確にしてますね。別にリーグで勝つことだけが目的じゃないので。ただ結果として、やっぱりいい選手が多いと勝ちますから」

最速150キロ超が続出する秘密

殖栗正登トレーナーは2013年シーズン、高知でトレーナーを務めた。シーズンオフの10月に徳島と契約し、2014年からの2シーズン、徳島でトレーナーを務めている。2015年の北米遠征にもチームトレーナーとして同行した。愛媛県成年女子ソフトボールチームでトレーナー、伊予銀行女子ソフトボールチーム、ジェイテクト男子ソフトボールチームでトレーニングコーチを務めた実績もある。

2015年10月に有限会社ベースボール・パートナーズ徳島の代表となり、12月に「インディゴ鍼灸整骨院」をオープン、運営している。さらにコンディショニング部門を独立させる形で2017年7月に「インディゴコンディショニングハウス」をオープンして現在に至る。徳島へはトレーナーを派遣する形で提携している。非常にバイタリティにあふれたパワフルなトレーナーだ。

インディゴコンディショニングハウスの役割は、選手のトレーニング、体のケア、トレーナー派遣、そして数値測定を1カ月に1回行っている。

「ウチはもう、これが全てじゃないですかねえ」

殖栗トレーナーが、誇らしげに笑顔を見せた。

「もう、ずっとなんで。僕がここに来てから。島田さん（島田直也元監督）が徳島に来たとき、2013年のオフから1カ月に1回計測をやってるんですよ。ずっとデータありますよ。吉村（旬平／光明相模原高）とか、増田（大輝／小松島／現・巨人）とか。もちろん機材が良くなってるんで、計測内容のレベルはだいぶ上がってますけど」

現在、測定しているのは10種目。それを丸1日かけて測定する。中でも「ビッグスリー」と呼ばれる「スクワット」「デッドリフト」「ベンチプレス」3種目の最大筋力を計る。目標は体重×7を超えることだ。

たとえば体重80キロの選手ならベンチプレス100キロ、スクワット220キロ、デッドリフト240キロの計560キロを超えることを目指す。3種目の合計500キロが最低ラインだ（ベンチプレス100キロ、スクワット180キロ、デッドリフト220キロ）。

投手の垂直飛びの最低ラインが80センチ。目標の数値は各種目すべて決まっており、そこに向かっていく。

「もうさすがに僕も10年やってるんで。たとえばピッチャーが150キロを投げるために出さなきゃいけない体力テストの数字を出してるんですよ」

逆に言えば、「これだけの体力がないと、150キロは出せないよ」ということだ。高校野球を含め、130キロ以上を投げるために必要な数値のデータを所有している。投手なら球速1

50キロ、野手ならスイングスピード150キロが1つの目標だ。スイングスピードと打球の速さは相関関係にある。スイングスピードを150キロ出そうと思えば、筋肉量が71～72キロ以上ないと出せないというデータが出ている。

「そうすると野球選手の体脂肪率が大体14パーセントなんで。体重が85～87キロないと、ここは出てこないんで。これに向かってやっていくってことですよ」

筋肉量が足りないのなら筋トレの量を増やしていく。スピードが欲しいのであればフィジカルトレーニング。ジャンプ力がないのなら背筋を鍛えるなど、明確なプログラムのマニュアルを作成している。足りないものはそれを実行して補う。

2023年、徳島の投手陣は最速150キロを超える選手の数が10人を数えた。彼らは入団したときから150キロのボールを投げていたわけではない。数値に基づいたノウハウを学び、どこを目指して何をするのか？　を意識して成果を挙げている。

インディゴコンディショニングハウスができた2017年から数えても、徳島から19人もの選手がドラフト指名を受けている。

「まずホントに、積み重ねなのは間違いないです。この10年、11年の。いきなり出たわけではなく」

殖栗トレーナーと荒井オーナーの付き合いは2010年にさかのぼる。フジテレビ平日昼のバラエティ番組『笑っていいとも！』にゴッドハンドのトレーナーとして出演していた殖栗トレーナーに荒井オーナーがアポを取り、一緒に仕事をするようになった。２０１１年には荒井オーナーがアメリカ・サンディエゴで共同経営していたサマーリーグのトレーナーとして渡米している。ともに仕事をこなしていくなかで、将来の夢を語り合った。

「いずれ日本の独立リーグで仕事をするから、そのときはぜひ一緒にやりましょう」

「ぜひ！」

荒井氏が共同オーナー制を取った徳島の筆頭オーナーとなり、２０１１年に坂口裕昭氏が球団代表となってからは、３人でよく将来像を語り合った。そのころ、キーワードになっていた言葉がある。

「フィジカルで勝つ」

殖栗トレーナーが、その意図を明かす。

「当時は合同トライアウトから選手を獲ってたんで、いい選手なんて全然来なくて。で、そのころ掲げたのは、フィジカルだけはプロ野球のレベルに持っていこうと。僕、フィジカルデータを持ってたんで。じゃあ体力テストをして、まずフィジカルはプロまで行ける、『俺たちはフィジカルで勝つんだ！』っていうことを、ずっと言ってました」

まずはプロレベルのフィジカルを作ろう。ＮＰＢレベルのテクニックを持つ選手は望んでもなかなか集まらないし、急に来てくれるものでもない。荒井オーナーがスカウティングに全国を走り回り、殖栗トレーナーが現場でバイオメカニクス（体の構造と運動がどう関連しているのか？　を探求する学問）を担当する。そうして入団した選手たちを、練習や試合を繰り返しながら現場の監督、コーチが鍛える。

このシステムは三位一体となってうまく進んでいた。殖栗トレーナーは「フィジカルで勝つ」を実践するために、自腹を切って工場跡地の建物を借り、そこにトレーニングのための機材を入れ、簡易的なトレーニング施設を作っている。

球団代表が坂口氏から現在の南啓介代表（株式会社パブリック・ベースボールクラブ徳島）に代わったころ、その施設を見てもらった。

「う〜ん、このままじゃいい選手は来ないんじゃないかなあ。やっぱり選手だって、いい施設でトレーニングしたいし、もっと本格的なトレーニングができる環境を作んないとダメだ」

その言葉をきっかけに、インディゴコンディショニングハウス設立へとつながる。

どうしてこんなに徳島からドラフト指名されるんだろう？　と思って調べてみたら、トレーニング施設がしっかりしていて、数値を出しながら理論的にレベルアップしている。根性論で「走れ！」「あれやれ！」「これやれ！」という練習方法ではない。それを知って、徳島への入団を希望したという選手は少なくない。茶野篤政（現・オリックス）がそうであり、２０２４年の選手で言えば、中込陽翔（山梨学院大）、川口冬弥（ハナマウイ）などがそうだ。

失敗も、ブラッシュアップもしながら、現在の施設がある。

「ホントにそうです。元々のゴールのイメージはあったたって感じですね。こういうふうにしてやろうっていう、そこの道筋は大きく変わらないけど、途中にいろんなものを拾いながら大きくなって。で、結果もついてきて」

では「フィジカルで勝つ！」の「勝つ」は何に勝つことを意味するのか？

「うーん、まずはゲームに勝つこと。僕らが来たとき、まだ日本一になったことなかったんで。独立リーグ日本一をまず獲るっていうところ。２０１４年、初めて群馬に勝って。すんげえ強かったですけど。で、ドラフトでＮＰＢに選手を輩出する。この思いはもう、いまもずっと変わんないです。これが僕らの勝利。そしてまあ、選手、首脳陣含め、みんなにいい思いしてもらうっていう。『みんなで勝つ！』みたいな感じですね」

やはりプロスポーツは勝ってこそなんぼ。勝つことで、いろいろなものがうまく回ることは間違いない。

この10年間で選手の意識も、練習への取り組み方も変わった。最初は選手の前に、監督、コーチに「トレーニングをして勝つ」や「フィジカルを高める」という発想を持っている人間が少なかった。まず、そこを説明し、体力テストをし、ＮＰＢの数値と比較する。

「この選手はここが足りないから、こういうトレーニングをしていきましょう」

そこからスタートしている。

「島田さんのときは『じゃあ、もう任せたからやろう』って言ってくれて、ホントに良かったんです。でも、最初は増田大輝なんて大変でしたよ！『筋肉つけたくない』とか言って。『筋肉つけたくないってお前、その体でどうやって戦うねん！』みたいな。あいつプライド高いから。ほとんどトレーニングをやったことない状態で、ここまで来たから」

自分が納得して「これは絶対に必要だ」と思えば、とことんやる。逆に納得しなければやらない。それが増田という男だった。

「で、前半戦全然ダメで。渋々『やります……』っていう感じで。あのころ松嶋（亮太／大分大）とかめちゃくちゃやってたんで、みんな体でかいし、すごかったじゃないですか。みんなトレーニング、好きだったんで」

いまの選手は「徳島はトレーニングがすごい」と聞いて入ってくる。逆に軽いメニューだと選手からキョトンとされる。

「え？　これくらいでいいんですか？」

殖栗トレーナーも、最初から高い負荷のメニューは与えない。

「あとはもう、これだけ実績が出ると、ごちゃごちゃ言う必要なくて。体力テストの数字見せてあげて。『君、ここが足りないから無理』って言ったら、今の選手は勝手にやってくれます」

与えたプログラム以上のことを勝手にやってくれる。

「これはやるべきトレーニングだ」

そういう意識が選手にあるから自発的に取り組む。

選手を獲ってくる立場の荒井オーナー、そのポテンシャルを上げる立場の殖栗トレーナー、そして現場でしっかり試合に勝つ岡本監督、さらにNPB側に選手のことをPRでき、選手たちのメンタルもサポートする南代表がいる。

「全部がきれいになったって感じです。いまの岡本監督のおかげで、ホントにきれいにまとまった。岡本さんがすばらしいのは『僕がここにいなくなっても、インディゴソックスが勝ち続けられるシステムを一緒に作りましょう』って最初からおっしゃっていたこと。なので岡本さんにはすっごく感謝してます」

育成するシステムを構築して勝とう。その考えに賛同してくれた。体力テストをやりましょう。ミーティングをしてお互いの考えを共有しましょう。しっかりコミュニケーションを取ってくれて、トレーナーの立場、球団の立場、自身の監督としての立場、全体を包括的に見て動いてくれる。

「あとは南さんですよね。南さんのマンパワーがなかったら、絶対あれだけ選手をNPBに出してないと思うし」

選手をスカウトに売り込む球団代表

南代表の仕事は、球団の経営面はもちろん、NPBへのプレゼンテーション、選手のサポートまで多岐にわたる。選手と個別のコミュニケーションが満足に取れなかったコロナ禍以降は、チャットツールを使って個別に意見を交換し合う場を持った。そこでは何が話されているのか？

「選手が監督、コーチに話せない悩みです」

南代表は今年42歳、近畿大では遊撃手としてプレーした。大学を卒業後、大学院に進むことを目標に豪州へ留学。ABL（オーストラリアン・ベースボール・リーグ／当時はクラブチームのみ）でもプレーした経験がある。帰国後の2007年、スポーツマーケティング会社「ブルータグ」の立ち上げに参加。2012年、株式会社WoodStockの社外取締役に就任している。2015年12月から徳島インディゴソックスの球団代表として、球団を運営する株式会社パブリック・ベースボールクラブ徳島の代表を務めている。

南代表が一番に考えていること、それは「最も選手のためになるのは何なのか？」である。プレーについて技術指導はしない。そういった部分は監督、コーチに任せてある。

「なぜあのプレーをしたのか？　なぜあそこにいたのか？　あそこにいたとき、どう思ってたのか？　選手には考え方を整理してもらいたいんです。物事には原理原則みたいなものがあって、起こったことを逆算したら、起こしていた原因が絶対あるんで。『じゃあ、あの点を取られる前ってお前、何してた？』という話とか。そういうのは（試合を）見てなくても話はできますから」

彼らの声、彼らの言葉で、起こったことが整理できているのか？　そこを確認する。打撃の調子を落としていた選手が試合後、南代表と言葉を交わしている場面に出くわしたことがある。

「どうでした？」

「良くなってきてるよ」

チャットツールを用いて、南代表に長文をしたためて送ってくる投手もいる。「今後はこういうふうにやっていきたい」という話をひたすら書き連ねていた。

「川口（冬弥）、山崎（正義）は結構、出してきます。別に選手に強制するものでもなくて、自分自身が振り返ったときに、『あの時はこんなん考えてたな』とか、『こういうきっかけあったな』とか、自分が整理できるものとして捉えてほしいんです」

こんな例があった。川口が先頭打者に対し、フルカウントからストレートを詰まらせて左飛に打ち取った。次の打者に対しても、ストレートで空振りを奪った。試合後、チャットを通じて南代表が尋ねた。

「なんであそこ、真っすぐ通したん？」

尋ねた理由を説明してくれた。

「NPBの25歳のピッチャーが、バッターもNPBの一流選手だったとしたら、ストレートでレフトフライに打ち取った後、1球目に普通、真っすぐ放るか？　っていう話なんですよ」

150キロを超えるストレートに対し、次の打者はしっかりタイミングを計って待っている。いい打者が並んでいる場合なら、1球目は変化球などで緩急を使うのがセオリーとなる。川口はストレートで勝負してみたかったのか。それとも何気なく投げてしまった1球ではなかったのか。南代表は川口が自分の考えを整理できていないように感じていた。

「川口のストレートやったら、独立リーグなら抑えられるんですよ。だから、投げる意味があんまりなくて」

監督、コーチには直接言えないこともある。たとえば、技術面でしっくりきていないにもかかわらず、どうすればいいかわからない。こんなレベルの低いことを聞いたら怒られるのではないか？　と恐怖心を抱く選手だっているのだ。

「じゃあ監督に、こういう聞き方してみたらどうや？」

南代表はそんなアドバイスをする。

「僕は円滑に回すための潤滑油なので。引っかかりを持ちながらプレーをしてほしくないわけですよ。もう時間がもったいない。彼らは2月に来て、10月に去っていくので」

徳島でプレーできる限られた時間を、十分に生かしてほしい。余計な悩みを抱えているくらいなら、選手の心を開いて、野球に集中させてあげたい。そんな思いがある。

考え方が球団の方針から外れている選手がいれば、話し合って正していく作業もある。「自分さえアピールできればいい」と思って、入ってくる選手は意外と多い。だが、野球はチームスポーツである。チームが勝つためのプレーをできなければ、スカウトは評価しない。

「あいつ、自分がうまいと思って適当なことやってる」

そういうふうに捉えられ、リストから外れる選手は少なくない。そうなる前に、球団の考え方を説明する。

一方で、「チャンスがもらえない」と悩む選手も多い。

「去年の前期の宮澤（太成）とかもそうです。もうふくれてたんで。そういうときに話したりすることもありました」

チーム内でアピールするチャンスが欲しかった宮澤が、「5回裏のスピードガンコンテストに出てもいいですか？」と言い出した。それを聞いた米本元子マネジャーが南代表に伝え、実際に出場させるかどうか検討されている。

「そういうアピールの方法、選択肢を僕が与えるんですよ。『こういうのをやったらいいぞ！』って。それでどれを選ぶか？　は本人であって」

毎年2月1日、チームが全体練習をスタートさせる日の午前中、全員が集合している前で、南代表がシーズンに向けての言葉を発する。荒井オーナーが話していた。

「南のアレが素晴らしい。選手たちの心に見事に火をつける」

話す内容は毎年違う。今年はどんな話をしたのか尋ねた。

「去年ドラフトにかかった選手が6名出たこともあって、『ここに来たらNPBに行けるんじゃないか』って思ってる選手、チャレンジしたいという選手がいたと思うんです。こちらも（徳島に）来てもらうために、熱心に声をかけた選手もいます。でも、『僕は選んでもらって来た』という態度が見える選手には、『いや、それほど甘くないよ』っていうところを話します。アメとムチじゃないですけど、6～7割は厳しい話をしました。あと2割くらいは松下村塾の話をしました」

幕末、現在の山口県萩市に吉田松陰が開いた私塾「松下村塾」で、後に明治の日本を引っ張った多くのリーダーを輩出した。徳島という球団は、NPBに選手を輩出するだけでなく、社会人として社会性のある人間を育てる教育機関としての役割も担っている。その球団に集まったお前らは、社会のリーダーになれ！　それが南代表のメッセージだった。

「ＮＰＢに行って、プロ野球選手になれるか、なれへんかはもちろんわからん。ケガする可能性もあるし。でも、それよりもここにいる価値というのは、インディゴソックスはリーダーを育成する球団だと俺は思う。そこに関して、お前らはラッキーだという話はしました。ここに集まれたことをありがたく思ってほしいと」

球場に足を運んでくれるＮＰＢのスカウトとコミュニケーションを図り、いい関係を築くのも南代表の仕事だ。伝えるのは選手の生き様だと言う。選手それぞれにリアルな思いがある。以前はこうだった選手が、こんなふうに変わってきた。その変化を南代表が知るためにも、チャットツールが活用されている。

スカウトに嘘はつかない。大きなことは言わず、誠実に等身大の選手について話す。もちろん、それも「この選手、どうなんですか？」とスカウトに尋ねられることが前提だ。

「だから僕的には、物足りないことに関しては、ここは物足りないっていう話をします」

ここ数年、徳島に注目するＮＰＢ球団が増えてきた。それがドラフトの結果に直結している部分も多い。スカウトの立場からすると、「いい選手が集まるようになってきたから、よく見ておこう」という考え方も当然あるだろう。南代表は、球団としても会社としても、前進している雰囲気を作りたいと考えている。

「そこのチャレンジに乗っかりたいなっていうスカウトも、結構いますね」

頑張っている人、チャレンジしている人は輝いて見える。その姿に魅力を感じて「ちょっと話してみたいな」「その勢いに便乗してみたいな」という気持ちになるものだ。沈みかけの船には誰も乗りたがらない。

「物事が何も起こらないのに乗っかっても面白くはないじゃないですか。プロ野球選手ってどっちかというとギャンブラーだと思うんですよ。アスリートってやっぱりそういう一面があると思うんです。『そんな面白い話があるんや！』とか『徳島ってそんな教育してんの！』とか。徳島の価値を、彼らが思ってるより前に持って行ってあげるっていうのが、僕がやるべき仕事やと思うんです」

南代表と球団経営について、意見を交わすスカウトも多いという。スカウトだけでなくNPBの関係者とは野球以外の話をすることが多い。そのあたりは南代表の親しみやすい人となりも要因としてあるのだろう。

5年前はまだ、そこまでの関係性が構築できていなかった。2023年8月、徳島は室内練習場をオープンした。同時に球団事務所も同じ敷地内に移転している。

「やっぱり、NPBの方も興味を持ってくれてるんですよね。お金がないのに、室内練習場を作ったりとか（笑）。この経営を、現場のスカウトでも興味持ってる人はいるんですけど、上層部の方なんか、特に興味あるみたいです」

昨年のドラフトで6人が指名された後、南代表はこう話していた。この結果は1つの頂点に達したのではないですか？ と質問したときだ。

「いや、目指しているものはずっと一緒で。『ドライチ（ドラフト1位）』なんですよ。だから、まだたどり着けてないです。もしくはメジャーリーガー。目指すところはもう、そこです。やっぱり、やり残したことがあるから『また来年』って感覚にはなると思うので。メディア的には『100点！』って言ってほしいですけど、僕の心のなかでは70点ぐらいですね」

あれから冷静になって考えたのだそうだ。

「6人が指名されても、球団に入ってくるのは3000万か……」

四国リーグの場合、選手がドラフト指名されると契約金の1割を球団に支払う契約がある。独立リーグが生まれて20年になり、愛媛マンダリンパイレーツの資本金が約1億、栃木ゴールデンブレーブスが3億で運営している。それでも、どの球団もビジネスとして成功しているとは言えない。元々の売り上げが1億だった会社が3億になり5億になり、10億になったモデルケースがない。

「これは構造として間違ってるんです。NPBに行ければ、選手は嬉しいです。でも、会社の経営として、リーグの立ち位置としては、間違ってるんです。『伸びてない』ということを一番感じました。3000万か……と思いました」

レバレッジ（より少ない資金で大きな成果を得るための仕かけ）が効いていない。スタッフと目指している目標がある。

「絶対、年収600万以上取れる会社を作ろう。月収50万円。そうじゃないと幸せじゃないじゃないですか」

誰かが我慢をさせられている。選手はまだ我慢してもいい。1年、2年の短い間だ。だが、支えているスタッフが我慢してやるべきではない。お金を生むことのできるシステムにしないと、みんなハッピーにならない。選手は若いから人生のやり直しが利く。だが、スタッフの人生はどうだ？　首脳陣の人生はどうだ？

「チームを強くしないと会社は良くならないです。だから、会社からしたら、チームは会社を良くするための道具なんですよ」

南代表が代表に就任したのが2015年12月。2016年シーズンから9シーズン目になる。それでも、まだ市民権は得ていないと感じている。目指すのはスペインサッカーのクラブチーム「ビジャレアルFC」の姿だ。

人口5万人の小さな町に、1つあるサッカーチームは弱小クラブだった。2020年、そのチームに久保建英が期限付き移籍でやってきた。市長は「我が町にはサッカーが、スポーツがある」と大きく旗を振った。

「この廃れ切った5万人の街を、どうやったら良くできるのか？　我々にはサッカーがある！　サッカーで経済を盛り上げていこう！」

クラブが強くなれば人が集まる。応援する人たちはもちろん、試合をしたいと強豪がやってくる。人が動けばお金が動く。それを実行したのがビジャレアルFCだった。全員でスタジアムに行こう。ビジャレアルを勝たせよう。ビジャレアルを応援して、このクラブと試合がしたいと思わせよう。南代表が語気を強める。

「それをビジャレアルは体現したんですよ。もう、まんまと成功するわけです。このチームと試合がしたい。この雰囲気を学びたいって言って、ヨーロッパ中から指導者とそのフロントのスタッフ、役人さんもみんな来るわけです。一気に有名になって、観光地に変わったんです」

それは徳島にだってできるはずだ。強くなることで徳島県の経済を活気づけることができる。

「39名の選手がいて、県外出身者が37名。で、1人の選手が年間100人ぐらいは県外から人を呼べてるわけですよ。1泊2日で終わる人はなかなかいなくて、大体2泊くらいするわけじゃないですか。そうしたら観光地にも行くし、飯も食うし、お土産も買う。やっぱり3万から5万ぐらいは徳島にお金を落としてくれるわけですよ。それがインディゴだけで大体8000泊ぐらい作れている計算になります。それは球団として2億から3億の経済的な価値があるわけですよ。それがスポーツの価値なんです」

徳島をビジャレアルにしよう。勝って、みんなが幸せになろう。
20年目の徳島インディゴソックスは、まだまだ道半ばである——。

第3章

徳島にプロ野球チームができた日

山田大二郎

根っからのマネジャー

……どういうこと？

それが最初に頭に浮かんだ言葉だった、と思う。

「もっちゃん、起きて！　徳島に野球チームができるよ！　ここで働いたらええわ！」

いま、何て言った？　野球チーム？　働く？　……何、ほれ。

地元市役所の臨時職員として働く米本元子は、興奮した様子で部屋に飛び込んで来た、母・和子の大きな声でたたき起こされた。どうやら朝刊に何かが載っているらしい。和子が手にしていたのは、最終面いっぱいに掲載された全面広告だった。

「徳島インディゴソックス　明日いよいよ徳島での開幕戦！」

和子の高ぶりは、止まる気配がない。

「ほら！『チームボランティア募集』って書いとるわ。ここに携われるんじゃない？　ここで働いたらええわ！　もっちゃん、起きて！」

「起きてる！」

……ったく、朝っぱらからなんだよ。もう、不機嫌極まりない。だが、その情報は元子にとって、非常に有益なものであることに違いなかった。

「インディゴソックスなあ……」

自他ともに認める野球一家に生まれている。祖父は大会史に残らず、現在も「幻の甲子園」と呼ばれている1942年（昭和17年）夏の大会で優勝を果たした、徳島商業学校（現・徳島商業）の野球部員の1人だ。両親が共働きだったため、そんな祖父と毎日のようにキャッチボールをして過ごしたことが、プロ野球を見るようになったきっかけである。徳島の女の子らしく阿波踊りの有名連で踊りながら、並行して中学、高校時代はソフトボール部に所属した。グラブさばきは決してうまくはないが、ガッツとボディで打球を止める三塁手として日々、グラウンドで白球を追っていた。

その後、大阪の大学に進学すると、同時に体育会硬式野球部でマネジャーを務めている。マネジャーになってすぐのころは、まだ将来、野球関係の職業に就きたいなどとは考えていない。だが、マネジャー業を続けていくうちに、試合を陰で支える人々の存在に興味を持ち始める。最もハマったのが、ウグイス嬢と公式記録員だった。そもそもが、ソフトボールと阿波踊りの二刀流だ。踊りの実力を披露するチャンスこそなかったが、阿波踊りで鍛えた元気の良さとバイタリティを発揮して、マネジャーとしての存在感は見る見るうちに増していった。やがてその仕事ぶりが認められ、連盟表彰されたことや、大学から学長表彰されたこともある。

「極めたい！　もっと上へ！」

そう思い始めたのが、このころである。ウグイス嬢として、公式記録員として、もっとステップアップしたい！　目指すのは当然、阪神甲子園球場のウグイス嬢になること！

卒業後に描いた将来の方向性が2つある。1つは野球に関係する仕事に就くこと。このまま、好きなことを突き詰めていきたい。元子にとって、夢に描いた最高峰が甲子園球場だ。

もう1つ、こちらは現実的なほう。徳島に帰り、高校の教師になることが、現実的に想像できる最高峰だった。だが、こちらもさっそく壁が立ちふさがっている。教職課程の単位が足りていないため、教育実習は卒業した後になるらしい。つまり、それだけで正規採用への道は1年遅れることになる。

とりあえず、追いかけたいのは夢のほうだ。ウグイス嬢としての実力をさらに磨くため、大阪府高野連でもアナウンス業務を始めている。

やがて就職活動の時期になり、なんとか阪神球団に就職しようと入社試験を受けた。だが、一瞬で夢は砕け散る。残念ながら、元子の希望がかなえられることはなく、あっという間に残る選択肢は1つになってしまっている。それでも諦められず、偶然見つけたリリーフカーのドライバー募集にもエントリーした。

「一旦入ってしまったら、配置転換で球場アナウンサーへの道が開けるかもしれない！」

そう思ってトライしてみたが、結果は「不採用」だった。

阪神球団への就職という夢が断たれ、徳島に帰ることになった。かと言って、もう1つの選択肢である教員採用も非常に狭き門である。採用枠は数えるほどしかなく、そう簡単に教職に就けるものではない。徳島市の臨時職員などで収入を得ながら、教員採用試験合格を目指す日々が始まった。母校で数学科の教育実習をすることもできた。在校当時からの知り合いである体育教師を通じ、徳島県高野連とのパイプをつないでもらうことも忘れてはいない。

ウグイス嬢、公式記録員としてのスキルはその後も磨き続けている。県硬式野球連盟、県軟式野球連盟、JABA（日本野球連盟）などが主催する試合で、元子の存在は際立っていた。

「下はちっちゃい子どもの学童野球から、上は古希・還暦野球まで。淡路島から（県南の）海陽町まで。呼ばれればもう、どこへでも行きます！　わたし、フリーランスなので！」

契約社員を続けながら、日中は9時~5時で働き、午後5時以降と土日の休日、そして年間20日間ある有給休暇は、すべて野球の仕事に使う。いや、使い切る。まだ甲子園球場のウグイス嬢になる夢も諦めたわけではない。

2005年の春と言えば、実家に戻ってから6回目となる「球春」が到来し、また忙しくなり始めていたころだ。そんななか、四国で新たに生まれようとしている「プロ野球独立リーグ」というカテゴリーに、元子が注目していないわけがなかった。

徳島にとって「夢のような話」

プロ野球が四国に、徳島に生まれる——。

開幕を前にした四国アイランドリーグへの県民の期待は、決して小さなものではない。そこには「プロ野球の球団が生まれる！」という興奮があり、これまでテレビやラジオでしか試合を楽しむことができなかった徳島の野球ファンに、「スポーツ観戦」という新たな文化を植え付けようとしていた。徳島ヴォルティスが初めてJリーグ（J2）で戦うことになったのもこの2005年である。当時の徳島新聞のコラムに、こんな記述がある。

〈2つの人気スポーツのプロの試合を、県内にいながら観戦できる環境が整うとは夢のような話だ〉（2005年5月1日徳島新聞朝刊『記者の目』より）

そう、徳島県民にとっては、まさに「夢のような話」が現実になろうとしていたのだ。昨年までは存在しなかったプロスポーツの大きなうねりのなかで、県民は間違いなく高揚していた。

それは運営する側にとっても同じである。「プロ野球としての興行を行わなければならない」というプレッシャーは大きく、開幕前から大量のグッズ制作、マスコミを使っての大規模なPRが矢継ぎ早に行われている。そして、それらは県民の期待をさらに加速させた。だが、周りの誰も「大きな穴」の存在に気付いていていない。

前年の2004年12月、香川、東京、北海道、大阪、愛知の5地区で行われた一次トライアウトを受験した人数は、1100人を超える。このなかから約700人が一次選考を通過し、早くも16人の合格者が発表された。さらに翌年の1月13日、二次選考を突破した245人が福岡ドーム（現・みずほPayPayドーム）での最終トライアウトに臨んでいる。その結果、先に合格した16人を含む計100人の「アイランドリーガー」が誕生することとなった。

開幕を前に、100人は香川県三豊市で合同合宿を行っている。上下白のユニフォームの左胸と、白いキャップの真ん中には、リーグマスコットである「マンタ」のイラストがある。泊まり込みで行われたこの合同合宿を経て、100人は4球団に振り分けられた。

誕生した4球団のうち、徳島に生まれたのは「徳島インディゴソックス」である。徳島県の伝統産業である「藍染め」の藍色、鳴門海峡のインディゴブルーをイメージカラーにし、MLB球団、シカゴ・ホワイトソックス、ボストン・レッドソックスにあやかって、「インディゴソックス」を球団名にした。チームマスコットは、ホームベースを守るクモだ。やがて彼の名前は「ミスター・インディー」と名付けられる。

4月に入ると、各球団はそれぞれにキャンプ、オープン戦を行い、シーズンへの準備が急ピッチで進められていく。徳島には専用球場がないため、鳴門教育大学のグラウンドを借りたり、観光バスで大鳴門橋を渡って淡路島まで行き、兵庫県立淡路佐野運動公園野球場で練習を行っていた。

当時、観光バス代はもちろん、グラウンド使用料など、4球団の使った経費の支払いはリーグにすべて任されていた。球団スタッフは開幕に向けた準備に奔走し、現場の選手たちも自身のコンディションを上げるために必死に練習を行っている。球団の運営経費や、この後、次々と送られてくることになる請求書の束のことなど、誰も考えてはいない。

県民の生きがいになった徳島球団

2005年4月29日、記念すべき四国リーグの第一歩は、愛媛・松山から始まった。初めての公式戦、愛媛マンダリンパイレーツ対高知ファイティングドッグス1回戦が、坊っちゃんスタジアムで行われている。開幕セレモニーには対戦する2球団だけでなく、香川オリーブガイナーズ、徳島インディゴソックスの監督以下、選手全員がそろって観客の前でお披露目された。発表されたこの試合の公式観客数は、7067人である。

徳島は翌30日、高松・オリーブスタジアム（現・レクザムスタジアム）で開幕戦を戦っている。香川に3対8で敗れ、黒星発進となったものの、高松にも4321人の観客が集まった。

徳島のホームゲーム初戦は5月5日、鳴門総合運動公園野球場（現・オロナミンC球場）での対愛媛戦だ。スケジュールは非常に厳しい。5月3日、4日の2日間、松山で愛媛と2試合を行い、そのあと、徳島でホームゲーム4試合を行う6連戦の予定が組まれている（6日の試合は雨天中止）。

鳴門での開幕戦当日は、演出にもかなり力が入っている。試合前セレモニーでは、グラウンドに選手が入場する際にスモークがたかれ、お祭りムードを盛り上げた。

集まった観客の数はこちらも3947人と多く、独立リーグとしては大成功という結果を残している。しかし、集まった観客の多くはばらまかれた無料チケットを使って入場していた。

新聞広告を見て鳴門球場に集まったボランティア希望者の数は、200人を超えている。だが、集まったはいいものの、一体何をしてもらえばいいのか、主催者側にも見当がつかない。

専門学校を卒業し、徳島に戻ってきたばかりの橋本早紀は、母と一緒にボランティアがしたいと鳴門でのホームゲームにやってきた。当時、少し体調を崩していた母は、かつて選挙応援のウグイス嬢や、阿波踊りの場内アナウンスを務めた経験がある。試合のアナウンスをすることで、母のリハビリになればいいなと考えていた。さっそく放送室に入り、アナウンス業務を手伝っている。

早紀は球審にボールを渡す「ボールガール」を担当することになった。この後、彼女はホットパンツ姿でグラウンドを駆け回る、名物ボランティアの「早紀ちゃん」となる。

動き出したリーグ公式戦を運営するために、ボランティアの力は必要不可欠だった。各自が自分の得意なことを生かして試合を盛り上げようと、それぞれの持ち場で仕事をする。見ず知らずだったボランティアたちが仲良くなることに、さほど時間はかかっていない。

グラウンド内でのバット引きやボールボーイ。また、ファウルゾーンに椅子を置き、NPBさながらにファウルボールを処理していたのは、川原忠雄監督率いる還暦野球の強豪「国府球友クラブ」の選手たちだ。

球団からのオファーを受け、チームとしてボランティアに参加することを決めた。約20人の部員のなかから、10人程度が毎試合ボランティアとして参加する。そこには川原監督の姿はもちろん、妻・和子さんの姿もある。グラウンド内だけでなく、観客席にも彼らの姿がある。飛来するファウルボールに対し、観客に注意を促すための「笛吹き」などを担当している。

いつしか「川原軍団」と呼ばれていた彼らは、すでに早紀とも仲がいい。

「川原軍団、きょうも元気やなあ（笑）」

「おお、早紀ちゃん！　きょうもがんばろか！」

早紀の本職は美容師である。普段の生活のままなら、川原軍団のような60代、70代の男性たちと知り合うことなどなかったかもしれない。ダッグアウトの横で球審にボールを運ぶタイミングを待ちながら、川原軍団の1人がポツリとこぼした言葉が強く印象に残っている。

「こんなわしらでも、役に立てることがあるんじゃなあ……」

すでに仕事もリタイアしており、毎日が休日のようなのんびりとした生活のなかで、いまはただ、草野球をすることだけが楽しみだった。このまま老いていくんかいなあ……。そんなことを考えていたところに、プロ野球の運営を手伝うという、これまで想像もしていなかった新しいやりがいができた。

「ボランティアをすることで、自分たちの価値というか。存在意義みたいなものができたけん。ほれがすごいうれしいんじゃ――」

ナイター照明に照らされた横顔に、柔らかな笑顔が浮かんでいた。

球場関係者から告げられた「他の予約が入ってるでよ」

「いやあ、プロ野球が徳島にできる日が来るとはなあ」

そう言って感慨深げな元子もウグイス嬢、公式記録員として絶好調だ。母・和子もボランティアとして関係者受付などの業務を任されている。

開幕戦に球団が呼んだプロのスタジアムDJは、サッカーが本職だった。どうやら野球の試合ではマイクを握った経験がないらしい。選手の交代、シートの変更など、本来ならば腕の見せどころというところで焦ってしまい、しどろもどろになっている。

「……せ、選手交代、並びに？　シ、シートの変更を申し上げます」

だが、隣には電光掲示板の操作を担当している元子がいる。早口で隣にいるＤＪに、マイクに入らないよう小声でまくし立てた。

「『ピッチャー渡邊に代わりまして長栄！　長栄陽一郎、背番号16！』お願いします！」

「えーっと……ピッチャー渡邊に代わりまして……」

「『代打した関戸がキャッチャー。八番・キャッチャー関戸祐司。背番号10！　以上に代わります！』お願いします！」

「……だ、代打した関戸が、キャッチャー……」

試合は盛り上げてくれるのだが、肝心な伝達事項をスピーディーに伝えられるほどのスキルは持ち合わせていない。未経験者なら無理もないと諦め、たとえ出過ぎたマネだと言われても、いまはしょうがない！　と開き直った。何より、それをマイクに乗せてもらわないと、試合が円滑に進まないのだ。

「しゃべりのプロの人たちは来るんやけど、野球のプロじゃないんよなあ……」

全国でＪリーグの試合が行われるに伴い、スタジアムＤＪが多く誕生したが、こと野球に関しては、そこまで高いスキルを持った人間は多くなかった。特にプロ野球の演出と、試合の進行を的確に伝えることのできるスペシャリストは、四国のような地方にほとんどいなかったはずだ。エンターテインメントとしてしっかり演出しようとしている意図は分かるのだが、派手に見せようとする部分ばかりが先行してしまい、野球の進行に必要な部分が抜け落ちていた。

記者席と記録員室との壁には小窓がある。試合中、その小窓を通じて記録員である元子に、記者たちからプレーの記録を確認するための質問が飛ぶ。

「いまのCS（盗塁死）？」

「CSじゃないです！　けん制死です！」

「さっきの得点、自責点になる？」

「日本のルールだと自責点にならないです！　非自責点です！」

「いま、E（エラー）のランプがついたけど、ファウルちゃうの？」

「ファウルにだって、エラーはつきます！」

専門的な質問に対し、元子が即座に回答する。彼女の言うことなら間違いない――。記者たちからの信頼を得ることに、長い時間はかからなかった。

川原軍団に負けじと、元子も中学、高校時代のソフトボール部の仲間たちに声をかけている。

「インディゴソックスのボランティアなんよ！　絶対来て！」

「一体、何をするん？」

「来たら教えるから！　とにかく来て！」

10人ほどが試合を手伝ってくれるようになり、通称「米本軍団」が生まれた。彼女たちもまた、それぞれの持ち場で自分のできることを行い、試合の運営に尽力している。

現場のボランティア同士はモチベーションが高く、すでに試合運営には欠かせない存在となっている。だが、リーグ事務局や球団側と球場など施設側との関係はうまくいっていない。

「プロ野球だか独立リーグだか知らんけども、わけのわからん新参者が、話を通すべきところへも通さんと、勝手なことしやがって！」

あつれきの火種は、そこら中に散らばっている。試合当日にトイレットペーパーがすべて撤去されている……なんてことも実際、少なくなかった。

最大のピンチが訪れたのは、9月を過ぎたころだ。なんと試合を開催する球場が、ない——。

「おたくら、この日、試合があるって発表しとるけど、ほかの予約が入っとるでよ」

球場の関係者が電話をくれたのは、せめてもの情けだったのだろう。

9月10日、11日の週末に行われる2連戦、対高知ファイティングドッグス19、20回戦は、当初徳島のホームゲームとして告知されていた。だが、試合予定日のギリギリになって、当日は別の団体が使用することが分かる。なぜ球場を押さえられていないのか？　理由を探るより、いまは球場を見つけるほうが先決だ。

「使わせてもらえませんか？」

当日、球場を使用する団体に、ダメ元で頼んでみたが、譲ってもらえるはずなどなかった。硬式野球ができる球場は、限られている。「もう、徳島では無理だ」という話になり、対戦相手である高知の球団スタッフに泣きついた。

「1カ所、使える球場がありますわ」

「それ、どこですか！」

「室戸なんですけど……」

高知県室戸市にある室戸マリンスタジアム。ここで徳島のホームゲームとして2試合を行うことで、なんとか窮地を脱することができた。首位の高知から連勝を収め、徳島が初めての首位に立ったことに、徳島のスタッフは苦笑いしていた。

規制線と警備員の向こうにいる選手たち

ホームゲームではボランティアとして運営スタッフを務め、ビジターゲームになるとインディゴソックスの1ファンとして、他県の球場まで徳島を追いかける。早紀にとって、そんな日常が始まっている。徳島の人間から見れば、最も近いのは隣県の香川だ。試合数の多いオリーブスタジアムまでは、高速道路を使えば1時間ほどで到着する。

だが、選手たちは試合が行われる高松まで、観光バスに乗ってやってきていた。

「高松ぐらいだったら、バスで行かんでもええのに……」

ああ、そうか。プロ野球の球団らしさを演じているのだな、と早紀は思った。

四国リーグが行っているファンサービス、試合後のお見送りに登場するのはホームチームの選手たちのみのため、ビジター球団の選手には会うことができない。会おうとするなら、帰りのバスに乗り込むタイミングを狙うしかないのだが、徳島の選手が乗るバスの周りには規制線が張られ、警備員が選手との距離を遠ざけている。

「バスに乗るところで、ファンの子がキャーキャー言よんよ。それこそNPBみたいな感じで。男前の選手たちが女の子にキャーキャー言われてたわ」

徳島から高松への移動でも日帰りはせず、ホテルに宿泊している。いまにしてみれば考えられないことなのだが、その経費を誰が払ってくれているのか、誰も把握していない。

熱中症でも戦い抜く「不可能への挑戦」

最初に徳島のユニフォームを着た25人のなかで、県人選手として大きな役割を果たしたのが山田大二郎内野手である。鳴門高校を卒業後、流通経済大に進学。リーグ開幕の前年、2004年春のリーグ戦を最後に野球部を引退し、就職活動を行っていた。将来は地元に戻り、家業を継ぐつもりでいる。実家はレンコンなどの製造加工販売を行っている。JAなどを回りながら、関連した就職先を探していたころに、母から電話が入った。

「四国に『独立リーグ』っていうのができるみたいよ。西武ライオンズの石毛さんが、代表で立ち上げるんやって。ちょっとテスト受けてみたら？」

すでに野球にはケリをつけ、就職しようとしていた気持ちが、母の一言で大きく揺らいだ。

「何かが変わるかもしれん。変えられるかもわからん――」

高校時代、近隣の鳴門第一高校（現・鳴門渦潮高校）で、同じ遊撃手としてライバルだった近畿大の藤田一也（現・DeNA育成野手コーチ）が横浜から指名されている。もう一度、藤田を追いかけることができるかもしれない。さっそくトライアウト受験の準備を始める。とりあえず下半身を強化しようと、最寄り駅近くにある階段を何本も駆け上がることから始めた。

高松で行われた一次トライアウト、福岡での最終トライアウトを突破し、最初の100人に名を連ねることができた。県人選手としてマスコミからの注目度も大きく、瞬く間に徳島を代表する選手として知名度を上げていく。いとこが私設応援団「インディゴスパイダー」を結成してくれるなど、ホームゲームにはいつも熱心に山田を応援する人たちの姿があった。

リーグ公式戦は、年間90試合が予定されている。木曜から日曜までの4連戦が終われば、月曜日にオフがあり、火・水は練習日となる。専用の練習グラウンドはなく、吉野川大橋のたもとにある吉野川南岸グラウンドを練習場として使っている。午後4時になると、城東高校の硬式野球部員たちがやって来て練習を始めるため、グラウンドを空けなくてはならない。使えるのは午前中から午後3時まで。この環境が2年目の途中まで続くことになる。

山田はオフの日にも各種イベント、ビラ配り、マスコミへの出演などに駆り出されることが多かった。だが、それも「徳島インディゴソックスを知ってもらうため」と受け入れ、ひたすら球団と試合のPRに努めている。

独立リーグとは言え、プロ野球である。山田自身、プロ野球選手の「大二郎」（2006年から登録名）として、キャラクターを生かすことに努めた。積極的に球団の先頭に立ち、広告塔としてファンやマスコミの前に登場し続けた。

「独立リーグのことを、インディゴソックスのことを知ってもらいたい。1人でも多くの人たちに、球場まで足を運んでもらいたい。そのためには俺が先頭に立たんと！」

NPBに行く！　という大きな夢とは、また別の新たな夢が生まれようとしていた。独立リーガーと言えど、プロ野球選手であることに変わりはない。興行として試合を行う限り、たくさんの人たちに試合を見に来てほしい、インディゴソックスのことを応援してほしい。そういう気持ちは、アイランドリーガーとなった当初から持ち続けている。

だが、そんな前向きな思いに冷や水をかけるように、一部の首脳陣は冷たい視線で選手たちを見つめていた。自分たちがプロ野球という厳しく華やかな場所で、長い間戦ってきたからこそ知っているどうしようもない現実が、そこにはあった。

「お前らは、プロにはなれないよ――」

当時、高知の監督だった藤城和明（元・巨人）は、試合があるないに関わらず、選手たちに猛練習を課していた。そこで言いたかったのは、こういうことだ。

「お前ら、いくら頑張っても無理なんだよ。これだけやってもプロには行けないんだよ。それを分からせるために、やっているんだ」

NPBに行きたい。そんな選手たちの夢の前に、あえて現実を突きつける。「来年」などない。壊れたらもうそれで終わり。90試合を戦い、日々の厳しい練習を続け、上を目指す「不可能への挑戦」だ。極端に言えば、こいつらのなかからプロ野球選手なんて生まれるわけがない――。

そして、それは徳島も同じだった。

真夏のナイトゲームが行われる午前中の練習で、猛暑のなか設定されたタイムを切るまで何本も何本もダッシュを繰り返す。プロならそれができて当たり前、できないのはプロレベルの体力がないと烙印を押されてしまう。

（……しかし、これからナイターがあるっていうのに、いまからこれやるかな？）

心のなかでそうつぶやきながら、大二郎も半ばあきれ顔でダッシュする。足には自信があり、チームメートよりも早くノルマをクリアしていた。だが、炎天下での練習はまだ始まったばかりだ。午後3時に練習が終わり、これから各自で鳴門球場へ移動する。車のエンジンをかけ、エアコンのスイッチを最大にする。荷物を積み込み、もう一度運転席に座り直した。

「さあ、いまから試合じゃ。頑張ろう……」

すでに疲れ果てている。ただでさえ63キロしかない体重が、58キロまで落ちた。元々、食が太いほうではない。落ちていったのは体重だけでなく、打球の飛距離もだった。外野まで打球が飛ばない。元々、長打を何本も打つようなタイプではなく、スピードを生かしたプレーが売りだが、それにしてもバットを振る力が弱すぎる。

「暑すぎて、もう水しか飲めん……」

シーズンも残り20試合を切った9月19日、対高知21回戦（土佐山田スタジアム）でアクシデントが起こった。6回裏、高知の攻撃。二死満塁の場面で突然、徳島からタイムがかけられた。三塁側ダッグアウトからトレーナーの高木俊文がグラウンドに飛び出していく。向かったのは二塁手の大二郎のところだった。直前のプレーにはまったく関与していない。3回表の第2打席で右翼へ二塁打を放っており、むしろ好調に見えたほどだ。

高木トレーナーが大二郎の視野を確認する。しばらくすると、高木トレーナーに抱き抱えられながらダッグアウトに下がり、選手交代が告げられた。救急車が到着し、病院へと向かう。急に目の前がぼやけて遠近感がなくなり、パニック状態を起こしかけた。診察の結果、脳にも視神経にも異常は見られなかったため、点滴を打っただけで済んでいる。その夜のうちに高木が運転するレンタカーで徳島まで戻ってきた。深夜に自宅まで送り届けてもらい、オフとなった翌日はできるだけ目を使わないよう、部屋を暗くして1日中ベッドに横たわっていた。

試合から2日後、河川敷で行われた練習に大二郎も参加している。時折、選手たちに視線を送りながら高木トレーナーが言う。

「疲れが溜まったんだと思います。大二郎、もう大丈夫ですよ」

この数日前にも別の選手が帯状疱疹を発症し、戦列を離れている。夏の疲労が選手たちに一気に出始めていた。病院で聞かされた診断結果は、現在でいうところの熱中症である。疲労、ストレス、栄養面に原因がある。大二郎にとってそれは、悔しさでしかなかった。

「疲労もストレスもみんなある。自分だけじゃないですからね。でも栄養面は……」

一人暮らししているほかの選手たちと違い、実家で暮らしている。母親が食事を作ってくれている分、当然、栄養の偏りは少ないはずなのだ。

「それで栄養面に問題があるって言われたら、親にも申し訳ない……」

1シーズンを戦い抜くということが、いかに過酷か。ボロボロになりながら、プロとして戦うことの厳しさを誰もが痛感していた。

バントしかしなくなった選手

1年目の終盤、こんなことがあった。引き分けに終わった高松・オリーブスタジアムでの香川戦終了後、ビジター側監督室から小野監督の怒鳴り声が聞こえてくる。

「……何？ いまの」

着替えていた選手たちが、突然聞こえてきた大声に顔を見合わせる。やがて顔を真っ赤にした内野手の宮下晋輔（全播磨硬式野球団）が戻ってきた。監督に出場を直訴しに行ったらしい。

翌9月30日、徳島・蔵本運動公園野球場。対愛媛26回戦の9回裏、無死一塁の場面で宮下が打席に入る。初球に試みた送りバントが捕手の前に上がる小フライとなり、捕手がダイブして捕球する。立ち上がって一塁へ送球し、併殺が完成した。一瞬にして徳島のチャンスがついえた。この結果、愛媛に6対7と1点差で敗れている。

試合後のミーティングで、宮下に小野監督の怒号が飛ぶ。

「お前はバントができないのに、それを練習してなんとかしようとする意欲が見えない！」

ミーティングの後、まだ照明に灯りはともされているが、すでに整地が終わったグラウンドに小野監督と宮下が現れ、2人だけでバント練習を始めた。投手役となってボールを投げる小野監督が、1球ごとにアドバイスを送る。

「もっと右足に体重を乗せろ」

「まだ芯だ。バットの下に当てるように」

「当てに行くんじゃない。『線』で軌道を追え」

約40分間続いたバント練習が終わると、すぐに球場の照明が落とされた。宮下が小野監督に礼を言った。しばらくして、ダッグアウトに通じる通路の扉、選手控室などに鍵が掛けられ、全員が退出を求められた。ユニフォーム姿のままで、せかされるように球場を出された宮下が、周りから丸見えになっている球場の脇で、人目もはばからずに着替えている。

翌日、高知球場で行われた試合前の打撃練習中、宮下は1球もスイングすることなく全球をバント練習に費やした。打撃練習が終わると、今度は小野監督に投手役を頼み、ひたすらバント練習を続けている。

「打っても出られないんで……。大した数字を残してる訳でもないですし。団体スポーツなんで、誰かが犠牲にならなければいけない。監督に言わせると『バントはできて当たり前』なんです。なのに、それが自分はできていない。あと、シーズンが終わるまで2週間を切って、これまでできないことをほったらかしにしてきたツケだと思います」

バント職人になってＮＰＢを目指したいのではない。「できて当たり前」と言われることをできない自分が、ただ腹立たしかった。だから、せめてバントができるようにしたかった。

それ以降、宮下が打撃練習でスイングすることはなかった。

10月10日、土佐山田球場で行われた対高知26回戦に徳島は敗れ、初年度の優勝球団が高知に決まる。元子や早紀ら、徳島のボランティア仲間たちも応援に駆け付けている。目の前で高知に優勝を決められたことが悔しいと、みんな泣いていた。

徳島は後半に追い上げを見せ、38勝36敗16分けの2位でシーズンを終えた。最終戦となった対高知30回戦（10月16日、蔵本運動公園野球場）で劇的なサヨナラ勝ちを飾っている。試合後、一列に並んだ徳島の選手たちに、スタンドからたくさんの青い紙テープが投げ入れられた。

「徳島に来てくれて、ありがとう」

そう書かれた手製のボードが掲げられている。

この年のドラフト会議において、徳島から指名された選手はいない。愛媛から育成枠で中谷翼（広島育成1巡目）、西山道隆（ソフトバンク育成2巡目）の2人が指名され、四国リーグから初のＮＰＢプレーヤーが誕生している。

この年の夏には、もうリーグの運営予算が尽きてしまっていたことはまだ誰も知らなかった。

山村 裕也　渡邊 隆洋　小松崎 大地

第4章 漆黒の黎明期

小松崎大地
渡邊隆洋
山村裕也

監督とにらみ合うファンたち

鳴門球場でのナイトゲームが終わった。一塁側スタンドへとつながる大きな階段の下に、徳島の監督、コーチ以下、選手全員が並ぶ。これから降りてくる観客への「お見送り」が始まろうとしていた。いま、試合を終えたばかりの選手たちに、直接言葉をかけることができ、サインや写真撮影もしてもらえるという四国リーグならではのファンサービスだ。

試合はと言えば、徳島は高知と対戦し、3対19という圧倒的な大差で敗れた。序盤から8失点と大量リードされたうえ、5回には1イニングで11失点するという、目も当てられないようなありさまである。

「こりゃ、暴動でも起きるんじゃないの?」

「……まさか(笑)、さすがにそれはないでしょ」

記者同士で、そんな冗談めかした話をしていた直後のことだ。球場のコンコースのほうから、激高するファン数人の大きな声が聞こえてきた。

「小野、辞めろーっ!」

「小野ーっ! 出てこーい!」

叫びながら、声の主たちが階段を降りてくる。

選手とともに横一列に並んでいた小野和幸監督（元・西武ほか）が、急に踵を返したかと思うと、人波をかき分け、彼らに詰め寄ろうとツカツカと歩き始めた。

「なんですか?」

まるで「文句があるならどうぞ」と言わんばかりに、監督が言葉を発した。大声で悪態をついていたファンも、まさかそんなふうに直接対峙することになるとは思っていなかったのだろう。それとも、ただうっぷんを晴らしたかっただけなのか。大声を出していたのは3、4人しかいない。186センチの大きな体を前にして、まったく何も言えずに黙り込んでしまった。しばらく、にらみ合いのような状態が続く。

そのとき、動揺するファンに向かって大声で謝った選手がいた。大二郎である。

「きょうはホンマ、すみませんでしたーっ！　次は絶対勝ちますから、また見に来てください！」

幸い大ごとにはならず、その場は収まった。

2006年、四国リーグは2年目のシーズンから前期45試合、後期45試合で争う前・後期制に変更された。2005年は終盤の猛追で2位に終わったが、2年目は苦しい戦いが続く。前期を12勝30敗3分けの最下位で終えた。3位の愛媛が20勝20敗5分けの勝率5割だったため、借金生活となったのは徳島だけである。

そのうえ後期に入り、さらに厳しい戦いを強いられていた。開幕3試合目に最下位となって以降、浮上することはただの一度もないまま、8月が終わろうとしている。そんななかで起きたのが、この日のアクシデントだった。ファンのストレスも、爆発寸前だったのである。

大きな失速の原因は、チーム編成の失敗による。当初、リーグ規定で球団への所属は最長3年間の契約だった（後に撤廃）が徳島は3年を待つことなく、前年度所属した選手の多くを1年限りで自由契約にしてしまった。その結果、急激にチーム力が落ちてしまったのだ。

12人いた投手のうち、残ったのは5人だけである。前年度、11勝を挙げたエース角野雅俊（専修大中退）、6勝を挙げた佐藤広樹（安田学園高）、3勝を挙げ、クローザーとしても11セーブを挙げた小林憲幸（全浦和野球団）、同じく3勝を挙げた左腕・渡邊隆洋（関東学院大中退）、番場由樹（全大宮野球団）の5人だ。新たに加わった8人の新人投手が、1年目から力を発揮するには、やや荷が重すぎた。

少ない既存選手で戦っているのは野手も同じである。15人いた前年シーズン所属の野手から主将の山口寛史（シダックス）、グレアム義季サイモン（WIENベースボールクラブ）、大二郎、小松崎大地（千葉商科大）、金谷良太（大商大）、松原祐樹（佐世保ドリームスターズ）の6人が契約を更新し、ひたすらバント練習を続けていた宮下晋輔（全播磨硬式野球団）など、ほかの9人はすべて自由契約となった。新たに野手10人を加えたが成績は振るわず、苦戦のなかで

2年目を戦っていた。

結局、後期を12勝29敗4分けと、前期とほとんど変わらない成績で終えた。前・後期ともに最下位に沈んだ責任を取り、小野監督はシーズン終了と同時に辞任を発表。徳島のファンに勝負の世界の厳しさを見せつけている。

3年目、2007年シーズンを前に、徳島の監督に就任することになったのは、1960年代から1980年代にかけて広島、阪急で左腕として活躍した白石静生である。地元、徳島県板野郡出身の新監督が率いる新生徳島に、ファンも大きな期待を込めた。

そして、2年間キャプテンを務めた遊撃手の山口に代わり、新キャプテンが発表されている。長打力が持ち味の一塁手から、外野手へとポジションを変更した、小松崎大地が新キャプテンに選ばれた。

「野球で苦しむ」ことの幸せ

せっかくうまくなってきたのに、ここで野球を終わりたくない。俺はまだまだうまくなるはずだ――。

小松崎がアイランドリーガーを目指したのは、千葉商科大での4年間を終え、プレーヤーとしての自分に可能性を感じていたからだ。就職活動の結果、いくつかの会社から就職内定はもらっている。だが、本音を言えば、野球ができる環境に進みたい。しかし、社会人野球チームに受け入れてくれる先はなく、プレーを続けられる場所がなかった。もう、上を目指すことを諦めかけていた。

そんなとき、耳にしたのが「四国アイランドリーグ誕生」のニュースである。独立リーグというカテゴリーが生まれ、選手採用のためのトライアウトが行われるという。受験することに迷いなどまったくない。

駒澤大で行われた一次トライアウトを突破し、福岡ドームで行われた最終トライアウトに進む。グラウンドに足を踏み入れ、スタジアムを見渡すと、大きな感動が込み上げてきた。これから始まる最終トライアウトの緊張よりも、初めて福岡ドームのグラウンドに立ったうれしさと、テストとはいえ、ここで野球ができることの喜びを隠し切れない。

「すごいなあ、福岡ドームに入れるなんて。何かすごいことが始まろうとしてるんだな……」

やっぱり、俺は野球がやりたい――。自分の気持ちを再認識していた。

小松崎の願いは届いた。発表された最終合格者100人のなかに、自分の名前があった。合同合宿を経て、入団することになった球団は徳島である。

アイランドリーガーとしての1年目は、特に「キツい」といったイメージはない。手取りで約

20万円の給料にはミールマネーが含まれており、生活するには困らないだけの余裕がある。移動は大型バスで、ユニフォームも洗濯してもらえる。球団にも、特に「お金がない」といった印象は感じていなかった。

開幕戦から四番・一塁手としてスタメン出場を果たし、2安打、1打点を記録している。序盤は成績も悪くなかったが、絶対的な四番を任されていたわけではなかった。5月中旬を過ぎたあたりから、八番、七番など打線の下位を任されることも増えてきた。それだけでなく、ときには代打として、1打席だけの出場も増え始めている。ほぼレギュラーとして試合に出続けてはいるものの、首脳陣から認められているという感覚はまったくなかった。

1年目のシーズンを終え、なんとか契約は更新してもらえた。しかし、小松崎の1年目は88試合に出場、打率・251、30打点、1本塁打という、打撃を売りにする選手としては、やや寂しい成績である。満足するような結果が出せず、ドラフト指名にも至らない。それどころか、時間が過ぎていくにつれて、首脳陣との関係は悪くなっている。ときには納得のいかない練習方法を強制させられることもあり、不満を感じることも少なくなかった。

「俺、干されてんなあ。これって意味あんのかな?」

右打者である小松崎に、小野監督は左方向に引っ張ることを許さなかった。打撃練習では徹底して右方向に打つことを求められた。それは試合になっても同じである。いくら当たりが良かったとしても、センターから左方向へ打てば、即交代を命じられる。

引っかけてしまう悪いクセを強制するための意識付けだったのだろうが、信頼関係が乏しい分、腹から納得してそれに徹することができない。むしろ理不尽な指導のように感じられた。ときには、手を上げられることもあったという。

どこにも逃げることができず、肉体的にも精神的にも疲れ果てていた。85キロ近くあった体重が、一時は60キロ台にまで落ちている。

自宅の近くにある食堂兼居酒屋「ママの台所」、通称「ママ台」は、心のよりどころだ。ほかにも山口をはじめ、選手たちがこぞって訪れるオアシスのような場所だ。辛いことや落ち込むことがあったとき、ママ台のママに何度、元気づけてもらったか分からない。

「大地、絶対に自分から辞めちゃいけないよ。絶対、諦めちゃいけないよ」

ママが作ってくれた温かい食事と陽気な会話が、いまにもプツンと切れてしまいそうな気持ちをつなぎとめてくれていた。あした戦うために心をリセットできる場所、それが「ママ台」だった。ママから教わった一番大事なこと。それは「努力は続けなくちゃならない」ということだ。

辛い日々のなかで、ふと気づいたこともある。

「本当に野球がやりたくて。やる場所がなくなるっていうところでアイランドリーグが発足して、トライアウトを受けて。誰もが経験できないような、すごい環境を与えてもらえた。もう1回、そこに立ち戻ることができたというか。野球やれてるんだから。野球がやれない苦しさよりかは、やれて苦しむ分には幸せかな……」

徳島での2年間で、精神面は確実にたくましくなっていた。気が付くと、地元の人たちとのつながりが、たくさん出来上がっていた。

暗黒の19連敗

2007年、白石新監督が率いて、小松崎主将が先頭に立つ3年目のシーズンも、徳島の苦境は続いている。新体制となっても勝てない日々が続く。前期を終了しての成績は、12勝29敗4分け。前年度の後期リーグ戦とまったく同じ成績のまま、最下位に沈んでいた。

後期に入ると、早々に指定席となっている最下位に落ちた。それどころではない。8月26日の対高知後期8回戦（アグリあなんスタジアム）から、9月27日の対香川後期14回戦（サーパススタジアム／現・レクザムスタジアム）まで、引き分け1つを挟み19連敗を喫している。徳島の暗黒期は、延々と続く先の見えないトンネルのようだった。

「……おいおい、ロッテの18連敗（1998年）を超えて日本新記録やぞ」

そんな声が、あちらこちらで聞こえている。

「そんなこと言うな！　選手たちは一生懸命やっとるんや！」

普段は温厚な白石監督が、スタンドからの心ないヤジに思わず言い返すこともあった。

勝てない。まったく勝てる気がしない。負のオーラが徳島にまん延してしまっている。大二郎が言う。

「全然勝ててなくって。初回とかに1点とか取られようもんなら、もう負けた雰囲気がベンチに出るんですよ。またか……みたいな。これがもう嫌で嫌で。もう1人だけ大声出したり、とにかくお客さん見てくれようか？　っていう思いで……」

小松崎も主将として、なんとか連敗を止めたかった。必死にあらがおうとするのだが、何もできない。

「1年目、2年目で、プロの世界っていうのは、もうなめられたら終わりだぞっていうのは教わったんですけど、もう完全になめられてる……」

悔しい――。その一言しか浮かんでこなかった。

大した成績も残していない自分を、主将に抜てきしてくれた白石監督にも申し訳ない。

白石監督が就任する前、監督とは偶然、通っていたスポーツジムが一緒だった。そこでコツコツとトレーニングに励む姿をきっと見ていてくれたのだろう。こいつにならキャプテンを任せられる。そう思ってくれていたのではないか？　そんな思いが、悔しさをさらに大きくした。

2007年後期の最終成績は、7勝33敗5分け（4位）である。勝率・175は、2021年前期に愛媛が更新するまで（34試合5勝26敗3分け、勝率・161）四国リーグのワースト記録となった。1位から4位までの順位が前後期リーグ戦ともに同じというシーズンは、この2007年ただ一度だけである。後にNPBに羽ばたく選手たちを多く抱え、黄金期を迎えようとしていた香川が圧倒的な力を見せた。好投手の多い愛媛が2位に食い込み、3位高知はリーグ1年目から活躍する選手が多いものの、思ったほど勝ち星を伸ばせなかった。

勝率が5割を切ったのは前期3位の高知（・463）と前期・293、後期・175に終わった徳島だけである。目立った補強もなく、現有戦力の成長を待つしかなかった徳島にとって、あまりにも他球団との力の差がありすぎる、残酷な1年となってしまった。

行方不明の「ゴジラ」

2008年、四国リーグは4年目のシーズンに、九州に生まれた2球団、「福岡レッドワーブラーズ」と「長崎セインツ」を加えて6球団となった。名称も「四国・九州アイランドリーグ」に変わっている。

泥沼からなんとか抜け出したい徳島にとって、1つの希望の光が差し込む、2007年12月、NPB球団に在籍したスラッガーの入団が発表された。

2008年2月、彼も合流して合同自主トレが始まる中、ロングティー打撃を見て驚いた。一塁側ファウルゾーンから左翼方向に向かって飛ばす、打球の飛距離がほかの選手とまったく違うのだ。

がっしりした体形のその左打者には、高校時代から「ゴジラ」のニックネームが付けられていたという。彼が打線の中軸に入れば、大きな得点力アップが期待できるのではないか？

2008年シーズンが開幕したが、彼の状態はまだ上がってこない。外角に逃げる変化球にバットが当たらず、三振が多い。それからしばらくして、練習中の選手たちのなかに彼の姿が見られなくなった。故障でもしたのか？　と思い、白石監督に尋ねる。

「……いや、球団もな。連絡がつかんらしいんよ」

「連絡がつかない？　え、来てないんですか？」

コクリとうなづいた後、こう言った。

「わしらもどないなっとんのか、さっぱり分からんのよ……」

行方が分からない？　しばらくして、すぐに彼のことは話題に挙がらなくなった。いま、どこにいるのか？　何をやっているのか？　誰もその消息を知らない。

やがて、6月に入る直前に彼の契約解除が発表されたが、現場には特に衝撃も走らなかった。そこにいない人間が契約を解除されただけだ。それを耳にしたところで、何の驚きもない。徳島でゴジラの咆哮を聞くことは、最後までなかった。

「元プロ野球選手、窃盗で逮捕!」というニュースが報じられたのは、それから3年後のことである。

NPB1軍レベルの衝撃

4年目も徳島に上昇の気配は見えない。新規参入した長崎が最下位と厳しい戦いを続けるなか、前期は1つ上の5位で終えた。白石監督は成績不振の責任を取り、前期終了とともに監督を辞任。以降は森山一人コーチ(元・近鉄ほか)が監督代行を務めることになる。しかし、後期になってもたったの9勝しか挙げられず、またも最下位でシーズンを終えた。

この4年目が小松崎にとって、最後のシーズンとなる。2007年、2008年の2年間は全試合出場を続け、四番を任せられている。打率は3割にこそ乗らなかったものの、3年目に・265、4年目に・275と着実に上向いていた。本塁打も2年連続で3本を放った。長打率は1年目の・309から、・379まで上昇している。

公式戦終了後、四国リーグは2007年から「みやざきフェニックス・リーグ」に参加している。毎年10月、南国・宮崎にNPB12球団、韓国プロ野球などの若手を集めて行われる、NPB主催の秋季教育リーグだ。四国リーグは各球団からメンバーを選抜し、「四国リーグ選抜チーム」として、このリーグに臨んでいる。

10月30日に行われるドラフト会議に向けて、これが本当に最後のチャンスとなるだろう。NPBの関係者がいる目の前で自分をアピールできる。若手主体ではあるものの、NPBの球団と対戦することで、いまの自分とNPBの選手たちとの差を肌で体感することができる。それだけでも非常に大きなメリットがあった。

しかも10月13日には、日本シリーズに向けて宮崎・南郷で調整を行っていた西武1軍と対戦している。そこでアイランドリーガーが経験したのは、圧倒的な打球の速さ、伸び、鋭さだった。試合後、香川・近藤智勝（駒澤大）が話していた。

「あんな打球、アイランドリーグじゃ飛んで来ないですよ！　レベルが違いすぎましたね。バッターそれぞれが、自分の『間』を持ってるっていうか。構えてるそこにボールが吸い込まれる感じ。ちょっとショックでしたね。あのなかでやってると、スピードには慣れるんだろうけど。やってて恥ずかしかったですもん。やっぱり2軍とは全然違います」

片岡易之（現・保幸）、栗山巧、中島裕之（現・宏之）、中村剛也、後藤武敏らが放つ強烈な打球に、「やはり上には上がいるのだ」ということを痛感させられている。2対6。点差以上の衝撃を受けて、南郷スタジアムを後にした。

四国リーグ王者となった香川のメンバーが、BCリーグ・富山サンダーバーズ（現・富山GRNサンダーバーズ）とのグランドチャンピオンシップに出場するため、フェニックス・リーグ第2クール（10月11日〜14日）を最後に宮崎を離れた。ここで選手たちの入れ替えが行われ、小松崎も徳島からの選抜メンバーとして、第3クール（10月16日〜19日）から合流している（小松崎は第4クールが終了する10月23日まで参加）。NPBと対戦できる期待に大きく胸を弾ませ、宮崎入りしていた。

「モチベーションが上がるというか。やっぱりアイランドリーグの良さって試合数の多さと、あとNPBと試合できる。しかも、それが1試合、2試合じゃないってところですよね。それこそ、ホントに普通じゃ経験できないことですから」

入れ替えのあった第3クールの選抜メンバーには、1982年生まれの選手が4人いる。投手の西川雅人（愛媛）、内野手の國信貴裕（福岡）、外野手の梶田宙（高知）、そして小松崎の4人だ。三菱重工神戸からこのシーズンに入団した西川を除いて、3人はリーグ創設メンバーである100人からの生き残りである。

宿舎となっているビジネスホテルで、こんな話をしていたと小松崎が教えてくれた。

「きのうの夜、ノブ（國信）とチュウ（梶田）と話しました。『俺らで若いヤツらを引っ張って行こう！』って」

82年組としての責任感はもちろん、4年間アイランドリーグで生き抜いてきた選手としての誇りがある。

西武1軍との衝撃的な対戦から4日後の10月17日、宮崎に残ったメンバーで構成された西武2軍と、再び生目の杜第2球場で対戦している。7対5と四国リーグ選抜2点リードで迎えた7回裏、無死二塁のチャンスで代打が告げられた。打席に入ったのは小松崎である。

4球目、西武・田沢由哉のストレートを弾き返す。大きく舞いあがった打球を、左翼手は追いかけようともしない。高く張り巡らされた左中間の防球ネットに突き刺さる特大の2ランで、2点を追加した。試合はそのまま、四国リーグ選抜が9対5で西武を下した。

「いい流れで打席に入れました。集中できてたし。チュウ（梶田）の打席を見てて、甘く入ってくるかな？　と思って（ヒッティング）ゾーンを上げてました。香川の選手たちが抜けて『いないと勝てないの？』って、そう思われるのが嫌で……。僕も負けたくなかった」

この一打が、小松崎が徳島のユニフォームを着て放った最後の本塁打となった。

実は宮崎入りする直前、鎌ヶ谷で行われた日本ハムの入団テストを受験している。そこでバッタリ出くわしたのは、日本ハム・石川晃スカウトである。かつて新日鐵君津（現・日本製鉄かずさマジック）の助監督だった小松崎の父・良行とは親交があり、小松崎とも面識があった。

「小松崎です。きょうはよろしくお願いします」

「やっぱりそうか！　名前がそうだったから、もしかしたらそうなのかな？　って思ってたよ。でも、そういうのは抜きにして、ちゃんと見るからな！」

「当然です。よろしくお願いします」

トライアウトが終わり、荷物を抱えて球場を出ようとしていたときのことだ。石川スカウトが、わざわざ小松崎のところまで来てくれた。慌てて「おつかれさまでした」とあいさつをする小松崎に、笑顔で話しかける。

「こんないい選手になってると思わなかったよ！　後は携帯持って待っといてくれ。……ただ、もしかからなかったら、年齢だと思ってくれ」

フェニックス・リーグが終わり、宮崎から徳島に帰ってきて迎えたドラフト当日、小松崎の携帯に吉報は届かなかった。

「かからなかったら、年齢だと思ってくれ――」

あの言葉が、ずっと頭に残っている。26歳という年齢の壁を乗り越えることができなかった。だが、ほんの少しではあるが、どこかに満足している気持ちもあった。

「でも、あれは本当に大きかったですね。あれを言ってもらえたっていうのは……」

時間はかかってしまったかもしれない。だが、プロのスカウトが自分のことを「いい選手になった」と評価してくれたのだ。大きな達成感がある。

来シーズンの身の振り方を考える時間のなかで、ここが潮時だと決めた理由がいくつかある。もちろん、もう十分やり切ったと思えたことが一番大きい。

もう1つの理由は、4年目のシーズン後半、右肩に痛みを抱えていたことだ。体調によって痛み方は違うのだが、疲れが溜まると30メートルほどしか投げられない日もあった。元々は強肩もストロングポイントの1つである。もし、この肩で来年も現役を続けるとして、本当にやれるのか？　自問自答してたどり着いたのは、夢への挑戦の終わりだった。

野球がもっとうまくなりたい！　NPBに行きたい！　そう思って努力し続けた4年の間に、夢はいつしか自分だけのものではなくなっていた。支えてくれている人たちに、恩返しするためにドラフト指名されたい！　結果を出したい！　そんなふうに形を変えていた。

夢破れたあと

プロ野球選手としての4年間が幕を閉じた。我ながら良くやったと思う。アイランドリーガーとしての4年間は、本当に悔しいことばかりだった。あれだけ負け続けたのだ。それも当然だろう。

うれしかったのはNPBと対戦できたこと。それだけでも挑戦して良かったと思う。やはり、四国リーグは特別な場所だった。

「誰もが経験できるようなことではないので。すごく苦しかったんですけど、その環境に感謝はしていましたね。だから、よく『給料も少なくて。ホント、大変だよな』って周りの方に言われてたんですけど、やってる本人たちは多分、そんなこと思ってなかったと思うんですよ。いま野球ができる喜びを、噛みしめながら取り組んでたと思う。自分はそうでしたね」

徳島を退団した後、選んだ次の道は競輪である。

通っていたジムに競輪選手がトレーニングに来ており、ジムでトレーニングの指導をしている藤本俊彦氏（元・オリックス）から競輪への挑戦を勧められた。競輪選手と野球選手は脚力、瞬発力、背筋など、使う筋肉や能力に共通する部分が多いと言われる。元プロ野球選手が競輪選手に転向するケースも少なくない。

徳島所属の選手に弟子入りすることもできたが、それは断った。徳島で知り合った人たちに甘えてしまうことを、良しとしなかったからだ。

「まったく新しい世界へ飛び込むのなら、甘えは全部断ち切るべきだ」

下柳剛（元・ダイエーほか）には、彼が新日鐵君津のOBである縁で、子どものころからずいぶんと良くしてもらっている。プロ野球選手として行った最後の自主トレも下柳と一緒だった。徳島ではなく「競輪王国」福島に所属したいと思っていた小松崎は、下柳のトレーニング仲間である福島所属の競輪選手、岡部芳幸と出会い、後に岡部を師事した。

野球で鍛えた体力と精神力があるとはいえ、自転車はまったくの素人である。

「きょう、200キロ行ってこい！」

岡部の指示が飛ぶ。ずっと自転車をやってきた人間ならきっと言うだろう。

「何言ってんだ？　この人。ムチャ言わないでよ」

それくらいハードな練習メニューだ。だが小松崎は、何の疑いもなくロードに出ていく。

「知らないから。そういうもんだと思って。そうじゃないとプロになれない！　と思ってましたから。『行ってきます！』って二つ返事で走りに行ってましたね」

「そんなこと、できるわけない！」という固定観念がない。むしろ、固定観念や先入観は邪魔でしかなかった。

競輪の練習に取り組むなかで、新しい感覚を得ている。

「なんていうのかなあ？　もうとにかく、やればやった分だけ自分に返ってくるって感覚があったんで。競輪に入って、努力すれば努力した分だけ自分にしっかり返ってくる感じだなって。やっぱり、そうすると、どんどん楽しくなっていきますよね。どんどんどんどん、それが自分に返ってくるわけですから」

無理だと思うな。まずはやってみろ――。

それは、自分の殻を破るためのヒントではないだろうか。小松崎が徳島の後輩たちに贈りたい言葉でもある。

競輪の世界に飛び込んで3年目の2011年、宇都宮競輪場でデビューし、初出走初勝利。翌2012年2月に取手競輪場で初優勝した後、6月にA級2班へ特別昇格した。さらに宇都宮、西武園、川崎競輪場で3場所完全優勝を達成し、S級2班へ特別昇格を果たす。現在もS級1班として、全国のバンクを走り続けている。

NPBを目指してもがき苦しんだ、あの4年間があったからこそ、いまの自分がある。

「徳島での4年間がなければ、いまの自分はいないので。たとえばそこが抜け落ちて競輪に行ってたとしても、絶対いまの感じにはなってないと思います。競輪選手にはなれてたかもしれないですけど……。いや、絶対いまの自分が1番。もうベストだと思います」

現在は結婚し、8歳の長男、6歳の長女との4人家族になった。先日、家族でZOZOマリンスタジアムに行き、ロッテ対西武戦を見る機会があった。西武のセンターには徳島の後輩である岸潤一郎（拓殖大中退）がいる。

「岸くん、すごいなあ。野球センス抜群だよ！」

8回裏、ロッテの攻撃に角中勝也が代打として登場し、四球を選んだ。

徳島で2年目だった2006年、高知でアイランドリーガーとしてプレーしていた角中とは、何度も対戦している。日本航空第二高校を卒業したばかりの18歳だったが、すでにオープン戦で対戦したときから、ほかの選手とは違うものを感じていた。

「結構、自分の中で印象に残ってるんですよね。高卒で出てきて。最初だから、まあ粗削りなんですけど、なんか……。こいつ、これで高卒なんだって思ったんですよね」

日本に誕生したばかりの独立リーグと言っても、高校を卒業したばかりの選手が簡単に打ちまくれるほど甘い世界ではない。ある程度、慣れてから対応できるようになるのがほとんどなのだが、角中に関しては違う何かを感じていた。

「いや、対応力っていうか。彼に関してはなんか、あれ？　って思ったんですよね。その、オープン戦のとき」

シーズンが開幕してからも角中に当たりはなく、無安打が3試合続いている。一塁手として守備に就いていた小松崎は、角中の打ったライナー性のゴロをダイブして捕球し、出塁させなかった。

「惜しかったな……」

そう声をかけた。やはり打撃のセンスには非凡なものを感じる。特別すごい成績というわけではないが、対戦するごとにどんどん成長しているようだった。

「あのボールに反応できるんだ！」

「あのボールにそういうふうに対処するんだ！」

その後も守備に就きながら、角中の打撃に驚かされることが少なくなかった。

一番驚いたのはこの年の秋、オークランド・アスレチックスの2A、3Aでプレーしていた多田野数人（元・日本ハムほか）が、徳島にスポット参戦したときのことだ。

「多田野さんが投げてるのをファーストから見てて、真っすぐを打った選手って何人かいたんですよ。でも、スライダーに関しては、絶対みんな打てなかったんですよ。だから僕も、多田野さんが投げてるときは、守ってて絶対点入る気しねえなって思ってたんですよ。そしたら角中、1球目のスライダーを打ったんです。それで、こいつ絶対（ドラフトに）かかるなって思いましたね。俺なんかが評価することじゃないですけど。だから指名されたとき、周りはみんな結構びっくりしてたけど、俺はなんか『いや、そうだよねえ』と思ったんですよ。見る目あるなあ、ロッテのスカウトって思いましたもん（笑）」

あのとき一塁を守りながら感じていた角中の高いポテンシャルは、勘違いなどではなかった。いまも目の前で、ロッテのユニフォームを着て躍動する姿を見て、あらためてそう思う。

徳島を退団し、プロ野球選手を卒業して、今年で16年目。野球をまったく見ない時期が何年もあった。スポーツ新聞を見ても、野球は飛ばして競輪のページしか見ない。

「そんな時期があったんですけど、最近、子どもを連れて球場とかに行って。なんかその、自分の野球に対する考え方が変わったなと思って。もういま、面白くて仕方ないです」

以前は「ああ、そういう待ち方するんだ」「そういう配球するんだ」と、選手としての目線でしか野球を見られなかった。そこに「楽しい」という感覚はなかった気がする。

「いまは野球を見るのが楽しいです。すごいなって思うし。野球選手、すごいなあとか……」

あの苦しかった4年間を乗り越えたからこそ、いまがある――。

「これってハングリーなのか?」 米独立リーグ経験者の疑問

アメリカで一緒だった4歳年上のチームメートから、渡邊隆洋のところに電話がかかってきたのは2004年秋のことである。なんだろう? と思って電話に出た。

「四国に独立リーグができるらしいんだよ! 12月にトライアウトやるって。受けてみれば? 俺も受けようと思ってるんだけどさ……」

「ホントですか。いえ、知りませんでした。ありがとうございます。考えてみます」

そう言って電話を切ったものの、いまいち気が乗らない。

その前年、大学を中退後にアメリカの独立リーグ、フロンティア・リーグに挑戦しようと、中西部のイリノイ州に向かった。だが、就労ビザの問題がクリアできず、早々に帰国することとなってしまった。あらためて再渡米し、語学学校に通いながら同リーグでプレーする道を模索していた。しかし、学生ビザから就労ビザの切り替えに時間がかかってしまい、2004年のシーズン開幕までに正式契約にこぎつけられなかった。結局、そのまま日本に帰国している。

現在は? と言えば、いわゆるフリーターである。地元である埼玉県春日部市のアダルトビデオショップで働いていた。

帰国してからは、どこのチームにも所属していない。半年ほどではあるが、ブランクがある。

お前にもう一度、野球をやりたい気持ちはあるのか？　と自分自身に問いかけてみれば、答えは「ある」だ。

「だけど、なんもしてないしな……」

迷いはある。だが、12月のトライアウトまでには、まだ2カ月以上時間があった。練習相手も練習場所もないが、とりあえず体を動かしてみる気にはなった。

「せっかくそういう話も聞いたし、あの人も受けるって言ってたから、受けてみよう」

連絡をくれた彼が不合格だった理由は、おそらく翌年に26歳になるという年齢だったのだろう。12月に21歳になったばかりの渡邊は、1次、2次トライアウトに続いて最終トライアウトまで突破し、晴れて100人のアイランドリーガーの1人となることが決まった。

2005年4月、所属することになった球団は徳島である。1歳年上の大二郎や小松崎とともに、プロ野球選手としての生活が始まった。

ほとんど活動できずに終わったアメリカでの独立リーグ生活と比べたら、ここは雲泥の差がある。練習場所となった淡路島のグラウンドへは、大型の観光バスで移動できる。本当に手探りの、ゼロからのスタートだが、ここで頑張ったらNPBに行けるかもしれない。そんな希望が広がっている。つい先日までアダルトビデオショップでアルバイトしていたことを考えれば、この状況が信じられなかった。

少しかじった程度とは言え、アメリカで独立リーガーとしての経験がある分、プロ野球選手としての生活リズムは心得ている。アメリカでも洗濯物は、チームがまとめてクリーニングしてくれていた。自分の衣類にはマジックで背番号を書いているのだが、ほとんどまともに返って来たためしがない。人の物が混ざっているなんてことは、しょっちゅうだった。

だが、さすがにそこは日本だ。クリーニングに出せば、汚れていたユニフォームやストッキングがちゃんと返ってくる。遠征先の宿舎で同部屋となったのは、エース候補で1歳年上の角野雅俊（専修大中退）である。

「すごいですね。ホントにプロ野球みたいだ」

「ホンマやなあ」

2人でそんなことを話していた。

大変だったのは、専用の練習グラウンドがなかったことだ。吉野川大橋が架かっているたもと、河川敷にある吉野川南岸グラウンドは風が強く、声が届きにくい。どうしても注意力が散漫になってしまう。三塁側ベンチの隣に2人用のブルペンがあり、投球練習はできる。何より受けてもらえる捕手がいた。たった独りで練習してきた身としては、本当にありがたい。

グラウンドが使えるのは午後3時ごろまで。城東高校野球部の部員たちが来るまでに、明け渡さなくてはいけない。練習が終わると、後は自由時間だ。固定給として月20万円が入ってくるから、アルバイトをする必要もない。チームメートのなかには、着替えてさっさとパチンコを打ちにいく者もいる。

練習ができて、自分の時間もある。……これってハングリーなのか？　そう考えることもしばしばあったが、特に困るようなことは何もなかった。

「会社のほうにお金がないみたいで……」

豪快に150キロを超えるようなストレートはないが、左腕から丁寧にコースを突けるコントロールと、ここぞ！　という場面で相手の内角をえぐるストレートが渡邊の持ち味だ。

だが、試合中はいつも小野監督の隣に座り、スコアをつけている。

「おいマネジャー、いま（投球数は）何球だ？」

そんな調子で「渡邊」ではなく「マネジャー」と呼ばれている。しかし、ただスコアシートに試合の進行状況を書き込んでいるだけではなかった。

「スコアを付けながら、小野監督からピッチャーの心構えや、状況、状況での気持ちの切り替え方なんかを教えてもらってるんですが、それがものすごく役に立ってます。やっぱりアマとプロじゃあ全然違うんですよ。試合のなかで、ここは全力で行くとか。ここはちょっと力抑えようかとか。そういうのがたくさんあって」

小野監督は渡邊のことを、「面白いヤツ」と思っていた。

「あんまりどの子も聞いてこないんですよ。でも、あいつは試合中でも、自分からいろいろ聞いてくる。『こんなとき、どうしたらいいんですかねぇ？』『こんなとき、何考えてるんでしょうねぇ？』ってね。経験のある人がそばにいるんだから、どんどん聞けばいいんですよ」

定詰雅彦コーチ（元・ロッテほか）も、渡邊の人間性には好感を持っている。

「彼は最初、なかなか投げさせてもらえなかったんです。そんななかでスコアなんか付けさせられてると、選手って普通腐ってしまうものなんだけども、彼にはそういうところがまったくない。貪欲にいろいろ聞いてきますね」

元来の生真面目さと、高い洞察力は、もしかしたら捕手向きと言ってもいいかもしれない。感受性が高い分、繊細過ぎる部分もある。先発の前日に声をかけると、いつも「もう、いまから心臓バクバクです」と早くも緊張している。

「試合前は前日からずっとそうなんですよ。直前に1人になって、芝生の上でストレッチしたりして、気持ち切り替えて。それからやっとですね」

スイッチが入るのは、試合開始40分前になったころだ。シートノックが始まる直前に気持ちを切り替える。そこからは「俺以外におるか！」と自分自身に言い聞かせるほどテンションを上げる。

8月に入ると、急成長した姿を見せた。対香川19回戦（8月17日、鳴門球場）で無四球完封勝利を挙げ、先発2連勝で2勝目を手にした。続く対香川22回戦（8月24日、オリーブスタジアム）でも9回を投げ抜き無失点。9回リーグ規定により引き分けとなったが、2試合連続での無四球完封劇を演じている。

だが、夏が終わりに差しかかっていたころ、明らかにリーグの風向きは変わり始めていた。渡邊の無失点記録が28イニングで途絶えた、対香川24回戦（9月2日、蔵本運動公園野球場）の試合後のことだ。あしたから2日間、徳島は松山・坊っちゃんスタジアムで愛媛との2連戦を行う予定になっている。渡邊にチームのスケジュールを聞いたときだった。

「あした、バスで出ます。で、一度徳島に帰って。それからもう一度、松山に行きます。前はそのまま泊まれたんですけど、会社のほうにお金がないみたいで……」

ナイトゲームを終えて、その晩のうちに徳島へ戻り、翌日の昼にまた出発して、再びナイトゲームを戦う。つまり、徳島〜松山間を2往復するという。

すでにリーグの予算は尽きていた。石毛宏典氏が代表を務めるリーグの運営会社、株式会社IBLJには会計担当者がおらず、請求書が届くたびに右往左往している。4月末の開幕から、たった4カ月ほどで四国リーグは、いつなくなってもおかしくない危機的な状況に陥っていた。

それを選手も、記者も、試合の運営を必死に支えているボランティアスタッフも、誰一人として知らない。ただ目の前の1試合、1試合をこなしていくのに必死でいる。

しかし、すでにリーグの経営は火の車だった。シーズンはあと1カ月半、まだ30試合も残っていた。

2006年春、2年目のキャンプが始まったころ、四国リーグ4球団の経営陣は「今年も始められて、本当に良かったねえ！」と胸をなでおろしていたのだという。

「金がなくなったなら、辞めればいい」

そんな旧経営陣の考え方に、徳島のスポンサー企業で代表を務めていた鍵山誠氏らは激怒した。すでに4県の自治体まで巻き込んでの大プロジェクトが動き始めてしまっているのだ。鍵山氏は旧経営陣に退陣を求めると同時に、自ら資金を補てんするなどしながら新体制を発足させた。この英断により、リーグはなんとか首の皮一枚つながったのである。

さらに2006年3月、これまでＩＢＬＪ直轄であった4球団の運営を分社化した。これにより、4球団の独立採算制へと移行している。翌2007年3月には鍵山氏がＩＢＬＪの社長に就任し、四国リーグ代表として四国リーグの黎明期を支えていくことになる。

日本にプロ野球独立リーグという新たなカテゴリーを作り上げた石毛氏は、その後リーグコミッショナーに就任。この年の12月にコミッショナーを退任し、四国リーグから離れることとなった。

魂で投げ抜く投手リーダー

1年目のシーズンを終えた渡邊の成績は、18試合に登板して3勝5敗、防御率2・95である。88回を投げ与四球の数は11。与四球率1・12は、1試合に四球を2つ出していない計算になる。

2年目となる2006年シーズン、徳島は前期を最下位で終え、後期に入っても4位と低迷を続けている。渡邊も先発ローテの一角を務めながら、なかなか勝てない日々にもがき続けていた。

対高知後期8回戦（8月26日、鳴門球場）、首位を独走する香川との差は11・5ゲームまで開いている。ここまで5連敗中の徳島のマウンドに渡邊が登る。

2年目の選手として、投手リーダーとして、いまの不甲斐ない状況をなんとか変えなければと、それればかり考えている。事あるごとに語っていた。

「僕らをずっと見続けてくれている人たちに、何かを返さなくちゃいけない――」

8回を終わって10対1と、野手が大量リードを築いてくれている。9回はクローザーの小林憲幸を投入させる。誰もがそう思っていたが、小野監督は渡邊を続投させた。

8回まで125球を投げている。中4日での先発登板に、体力は限界に近づいていた。安打と四球であっという間に無死一、二塁のピンチに陥る。そのとき、チームメートからの声が聞こえた。

「ナベ！　ヒット2本打たれても、2点しか入んねーぞ！」

その一言で平常心を取り戻す。大きなリードがあるじゃないか。やるべきことは、目の前の打者から1人ずつアウトを取ることだろ？

「完全に『ワタナバ』になってましたから。あぁ、そうだよなって。1個1個アウトを取って、逃げじゃなくて強気に行けばなんとかなるって」

ナーバスになってしまっているときの渡邊を、チームメートたちは「また『ワタナバ』になってんな」と言ってからかう。最終回に味方の失策などで2点を失ったが、10対3で勝利を収め、見事に連敗を止めた。これが自身5勝目、シーズン初の完投勝利である。

試合後、小野監督が教えてくれた。

「『完全燃焼したいです』そう言ってきたんだ。あいつの目に負けたよ」

本来なら中4日での先発予定ではなかった。この日、埼玉から母と姉が応援に来てくれている。

「お前、お母さんいつまでいるんだよ？」

そう言って、きょうの先発に組み込んでくれたのは、小野監督の心遣いだった。監督の思いやりに応えたい。家族に自分が投げる姿を見てほしい。そして、何より連敗を止めたい。いろいろな思いが合わさって投げ抜いた146球、3時間13分の熱投だった。

「きょうは母ちゃんがうまいもん作ってくれてると思うんで……。あ、ビールでも飲もうかな」

リラックスした表情の渡邊が、そこにいた。

監督解任と涙雨

2006年10月1日、振り続いていた雨のため、すでに高知対香川後期15回戦（東部球場）の中止が発表されている。鳴門球場で行われる徳島対愛媛後期15回戦が、シーズンのラストゲームとなった。

5日前、新聞紙上に「小野監督、今季限りで解任」と報じられている。小野監督退団の報は、それよりも前に選手たちに伝えられていた。一触即発となった鳴門でのファンとの小競り合いなど、これまで小野監督を批判し続けてきたファンは溜飲を下げたかもしれない。だが、投手陣を始めとする選手たちの思いは、まったく違っていた。

初回から5点を奪うなど、7点をリードしたまま、5回裏に降雨コールドゲームが成立している。徳島は監督解任が正式に報じられてからの4試合を、1つの黒星もなく戦い終えた。小野監督と一緒に戦える最後の4試合に「やるしかない」と闘志を燃やしていたのである。

試合後、ダッグアウトでほんの短い間、ミーティングが行われている。報道陣をシャットアウトした数分間が終わり、お見送りのために整列した選手たちの目には涙が浮かんでいた。

「このリーグは育成するリーグなのに、僕らに教えてくれる人がいなくなっちゃう。まだまだ教えてもらうことがたくさんあるのに……。でも、これからもしっかり会って、電話して聞きたいと思います」

渡邊の目が真っ赤に充血している。強くアスファルトに打ち付ける雨は、涙を隠すのに好都合だった。

NPBの夢を絶対に諦めない

2007年、白石静生新監督が率いる徳島の3年目が幕を開ける。

3月31日、開幕戦は初のホームゲームでのスタートである。対高知前期1回戦（鳴門球場）開幕投手に選ばれたのは渡邊だった。埼玉から母が応援に駆けつけてくれている。

3年目のシーズン開幕には、これまでの2シーズン以上に期するものがある。

「あんまり言っちゃいけないんだろうけど、これまで小野監督から教えてもらった、いろんな経験がある。なんでも自分独りで片付けちゃおうとするのが僕の悪い癖で。白石監督からも『同じ左投手なんだから、わしから盗めるものはある。遠慮しないで何でも聞いて来い』って言ってもらえてる。これまで（四国リーグの）投手で3人NPBに行けたんですけど、香川の伊藤（秀範／元・ヤクルト）さんなんか、ずっとNPBのことを考えてきて、最後の最後にあんな強い『引き』があった（育成ドラフト1巡目でヤクルトから指名）。諦めたりなんかしちゃ絶対ダメだって思う」

23歳、もう決して若くはない。スカウトに「即戦力で使える」と思ってもらえなければ、獲ってもらえない年齢になったことは理解している。この2年間で、すでに200イニング以上マウンドに登っている。

筆者は2年前、当時コーチだった定詰雅彦氏に尋ねたことがある。

「一番伸びると思った投手は誰ですか？」

「ナベです」

即答だった。あのころよりもたくましくなった渡邊が、開幕戦のマウンドに登る。

2007年の開幕戦は、2対2のまま9回リーグ規定により引き分けに終わった。渡邊は9回を完投して、3年目のシーズンのスタートを切っている。

だが、徳島にとっては、ここからが本当の地獄の始まりだったのである。

連敗が止まらない

野球漬け。そんな日々のなかで、どうしたらうまくなるのか？　どうしたらいいピッチャーになれるのか？　そんなことばかり考えている。同じ3年目の内野手、山口寛史（シダックス）とはプライベートな時間を一緒に過ごすことが多い。以前、尋ねてみたことがある。

「いいピッチャーって、どんなピッチャーなんですかね？」

「そりゃあ、いまからパワー付けて、150キロ投げろって言っても難しいし。低目を丁寧に突き続けられるピッチャーがいいピッチャーだろ」

確かに——。

それは渡邊がやろうとしていることでもある。与四球率が1年目の1・12から、2年目は3・53に悪化してしまった。無駄な四球を与えない。特に先頭打者を歩かせないことを意識している。ヒットを打たれるのは構わない。問題は、そこからどれだけ粘ることができるか？　それには丹念に低目を突くことだと考えていた。

試行錯誤を続ける裏で、徳島は5月の終わりから6月にかけ9連敗（2分けを含み11試合勝ちなし）と泥沼にはまる。さらに6月17日のダブルヘッダー第2試合、対愛媛前期12回戦（蔵本）から6連敗を喫した。3位高知に7ゲーム差をつけられ、最下位で前期を終えている。

後期に入ってからも苦境は続く。対高知後期8回戦（8月26日、アグリあなんスタジアム）で、渡邊は7回2失点と好投しながら味方の援護がなく1対2で敗れ、8敗目を喫した。

この負けから徳島は8連敗（引き分け1つを挟む）。9月8日のホームゲーム、対香川後期11回戦（鳴門・オロナミンC球場）を落とせば、球団ワースト記録となる9連敗となる。

「ここで連敗を止める。それしかない――」

渡邊の左肩に大きな期待がかかる。香川先発のアンダースロー、塚本浩二（神戸大／元・ヤクルト育成）と、6回まで無安打無得点の投手戦を演じる。

先制点を挙げたのは徳島だった。7回裏、三番・小松崎の遊ゴロ内野安打に遊撃手、三輪正義（山口産業・軟式／元・ヤクルト）の悪送球が絡み、1点を先取する。

8回表、香川の攻撃。先頭の五番・丈武（森田丈武、米独立エルマイラ・パイオニアーズ／元・楽天）へのカウントがスリーボールとなった。

「むしろここを攻め切ろうって。絶対に（丈武を塁に）出さないって。ロングヒット狙ってるのは分かってましたから」

丈武の打球が鋭く左前へと飛んでいく。さらに左前安打、バントヒットと続き、あっという間に無死満塁のピンチに陥ってしまった。

九番・国本和俊（三重中京大）は打席に入る直前、香川・西田真二監督（元・広島）から2つのことを耳打ちされている。1つは「強気で行け」。もう1つは「ヒッティング・ゾーンを上げろ」だった。

前進守備を敷いていた中堅手・岡嵜雄介（ワイテック）の頭上を打球が越えて行く。外野フェンスに向かって打球が転がる間に、3人の走者が一気に生還する。打った国本も本塁を踏み、勝ち越しのランニング満塁ホームランとなった。試合後、渡邊は言葉少なにこう語っている。

「連敗を止められなかった。そこだけです。『9回負けろ』って言われても、逆にそっちの方が難しいのに……」

7回までの好投にも「結果が出ないと、そんなの関係ないですからね」と言い放った。

力自体は香川も徳島も、そう変わらないはずだ。球場裏の通路ですれ違った香川・加藤博人コーチ（元・ヤクルトほか）が、ポツリと言った。

「ホント、紙一重。紙一重なんだよ……」

創設3年目にして初のNPB選手誕生

徳島がようやく白星を挙げたのは、高知との今シーズン最終戦となったビジターゲーム（9月28日、対高知後期15回戦、高知市営球場）だった。19連敗は現在もリーグワースト記録として残っている。

だが、新たな一歩もあった。

2007年のドラフトは、四国リーグにとって初めての大量指名となる。ドラフト6巡目でヤクルトから香川・三輪が指名され、続いて行われた育成ドラフトで、香川を除く3球団から5人が指名を受けている。

徳島からは3年目のクローザー、小林憲幸がロッテから育成3巡目で指名された。また、シーズン中は高知に在籍していたが、翌シーズンから徳島へ移籍することが発表されていた白川大輔（尽誠学園高）もロッテから育成4巡目で指名を受けている。

徳島ではドラフトの吉報を待つ場所を設けておらず、発表から約3時間後に球団事務所で記者会見が行われた。小林は携帯電話にかかってきた連絡で指名されたことを知り、大阪の友人宅にいた白川は、電話を受けて慌てて徳島へとんぼ返りしていた。3年目にして初めて、徳島からNPBプレーヤーが誕生することになった。

負け続けても応援してくれる人たちのために

ボランティアスタッフのなかに、渡邊の熱狂的なファンがいる。元子の母、和子だ。

……いや、母娘そろって大ファンだ、といったほうが正しいかもしれない。

やはり気になるのは食事である。元子も事あるごとに、渡邊の栄養事情が気になっている。

「ナベちゃん、ご飯食べてる？　また痩せたんじゃない？」

「こないだあげたお肉、食べた？　冷蔵庫に入ったままじゃない？」

「あのお肉、腐ってへんかなあ……？」

弟のことを思う姉のような気持ちなのだろうか。そんな心配ばかりしている。

休みの日には米本家に渡邊を招待し、夕食を振る舞うこともある。家族同然と言ってもいいような付き合いが始まり、埼玉の渡邊家と徳島の米本家は親戚のようになっていた。

そういう地元の人たちとのふれあいには、本当に感謝しかない。渡邊は常々そう思っている。

あれだけ負け続けても応援してくれる。どんなときにも「ナベちゃん、頑張れ！」と声援をくれる。小松崎同様、この人たちのためにもNPBに行って、恩返しがしたい！　と思う気持ちが湧いてくるのは、当然と言えば当然かもしれなかった。

興行として試合をするだけでなく、地域貢献活動の大切さをリーグや球団が実感し始めたのはこのころである。徳島も小学生向けの野球教室だけでなく、朝の登校の見守りなどを積極的に行っている。

プロ野球としては、足りない部分が多いのかもしれない。だが、手探りするなかで四国リーグだから、徳島インディゴソックスだからできることがあった。それが地域への貢献活動だ。

「本当に地域の人たちに、僕らのことを分かってもらえるというか。そうやって自分たちがいろんな活動をしたら、逆に地域のイベントに呼んでもらえたりとか。それでホントにちょっとずつ、野球やってる若造たちがおるぞ！　っていうのが、分かってもらえてきた。そんななかで、特に地域の人たちにすごく良くしてもらってるメンバーそれぞれが、いろんな方やいろんなお店への思い入れができていったのかなって思いますね」

アイランドリーガーとしての生活も4年目に突入している。右のエース、角野が福岡へ移籍し、徳島で4年目を迎えた投手は渡邊だけとなった。前年は手にしていた開幕投手の座を、このシーズンは奪うことができなかった。帽子のひさしの裏にマジックで書いた文字がある。

「強い気持ち」

それはいまの自分が必要としているものだった。

入団4年目に入った「ベテラン」たち

2008年から6球団となった四国リーグは、これまで前後期合わせ90試合だった試合数を変更している。前後期制はそのままに、試合数が前後期合わせて80試合になった。

前期リーグ戦は西田監督率いる香川が、2位高知に5ゲーム差をつけて4期連続優勝を果たす。徳島は終盤の6連敗で大きく失速し、11勝22敗7分けの5位に沈んだ。

後期リーグ戦が開幕し、王者・香川との初戦で先発を命じられたのは、いまや徳島のエースとして君臨する渡邊である。対香川後期1回戦（7月18日、アグリあなんスタジアム）が、後期に入って早くも3度目のマウンドとなる。

2回表、香川に先取点を許したが、その後はストライクを先行させ、テンポのいいリズムで投球が進んでいく。イニングが進むにつれて、香川ベンチが焦り始めていることに気付いていた。

6回裏、三番・山口が右翼線に同点適時打を放つ。続く四番・小松崎の逆転2ランが左中間スタンドに突き刺さった。8回にも小松崎の犠飛により4点目を追加する。香川との後期初戦は、徳島が4対1で勝利した。渡邊は9回をジャスト100球で投げ終えた。

ヒーローインタビューに登場したのは渡邊と小松崎だ。渡邊が笑顔を見せる。

「これからが勝負だし、ベテランの4年目の選手が、長いことといる人が元気なのは励みになります」

殊勲の一打を打った小松崎が、渡邊をねぎらった。

「ナベが踏ん張って欲しいところで踏ん張ってくれてました」

連敗を止め、欲しかった7勝目をやっと手に入れた。だがもう1つ、何としても手に入れたいものがある。7月28、29日に四国・九州リーグとNPBとの交流戦が、初めて首都圏で行われる。29日には渡邊の故郷、埼玉・ロッテ浦和球場での試合が行われる。

「どうしても埼玉で野球がしたい。去年のオフ、有休取ってキャッチボールに付き合ってくれた友達もいるんです。そういう人たちに、4年間この環境で野球やってもがいてる。こういう姿を見て欲しい」

そんな思いを込めてマウンドに登っていた。

NPBにも伝わった「必死さ」

首都圏遠征に出た四国・九州リーグ選抜チームが対戦するのはフューチャーズ（イースタンリーグ混成）である。2試合行われる初戦（7月28日、東京・大田スタジアム）は、11対3と四国・九州リーグ選抜が大勝した。

第2戦（7月29日、埼玉・ロッテ浦和球場）でも、いきなり四国・九州リーグ選抜の猛攻が火を噴く。初回に愛媛・比嘉将太（西濃運輸）の左翼越え2ランなどで3点を奪った。渡邊は3回に登板するが2失点し、後続にマウンドを譲っている。その後、4点を追加した四国・九州リーグ選抜が7対4で逃げ切り、初の首都圏遠征を2連勝で終えた。

フューチャーズを指揮した玉木重雄育成コーチ（巨人）に、「この2試合を通じて、四国・九州リーグ選抜チームから感じたものは何ですか？」と尋ねた。

「必死さがある。こっちが『もっと必死にやれよ！』と言わなきゃいけないんですが……。彼ら（フューチャーズ）だって時間はないんです。2年か1年しかない」

「埼玉で自分が投げている姿を見せたい」と語っていた渡邊の願いはかなった。きのうの第1戦には高校時代の女房役も含め、友人たちが大勢駆けつけてくれている。

徳島での1年目にコーチとして指導を受け、幾度となくブルペンでボールを受けてもらった定詰雅彦コーチはいま、ロッテの2軍バッテリーコーチだ。ゆうべ、電話で話をした。

「『ナベ、絶対に諦めるな！』って言ってもらいました。ノリ（小林憲幸／ロッテ育成）にも宮本さん（裕司／高知／ロッテ育成）にも伊藤さん（秀範）にも会えたし。やっぱりあのユニフォーム姿見るとカッコいいなって思う」

白石監督の辞任が発表されたのは、フューチャーズとの交流戦の翌日、7月30日のことだ。後期に入り2勝9敗1分け。ホーム・アグリあなんスタジアムで福岡に連敗した後、やはりホーム・蔵本球場で愛媛に3連敗を喫した。成績不振の責任を取っての辞任である。当面は、森山一人コーチ（元・近鉄ほか）が監督代行として徳島の指揮を執ることになった。

選手全員を前に、白石監督自ら「辞めることになったから……」と告げたのは27日、福岡に3連敗した後のミーティングだったという。そのまま動けなくなってしまった者、人目をはばからず涙する者、選手たちが動揺していたのは明らかだった。

まだ照明の落ちていない蔵本球場の芝生の上に選手たちを座らせ、森山コーチが言った。

「いままで自分たちが、どういうことをやってきたか。その結果がこうだ。考えなさい」

8月1日、対長崎後期1回戦（蔵本）。白石監督が去って、初めての試合で先発を任されたのは左腕・安里渉（てるクリニック）だ。

「この試合で燃えないわけないですよね。森山さんにも乗せてもらいました。『最年長（26歳）のお前に任した。見せてやれ』って」

初回に三遊間を破る適時安打を放ち、先制点を生んだのは四番・小松崎だった。

「きょうの試合はこれまでのなかでも一番大事な、意味のある試合だと思ってました。やってることは何も変わってないんで。何らかの結果を出したいって気持ちは、みんなあったと思う」

2対1と白星で終えた後のヒーローインタビューには、選手全員が登場している。主将を務める大二郎が、観客に向かって語りかける。

「チームの成績がこういう結果で、白石監督に迷惑をかけました。やってることは何一つ変わらないです。ピッチャーが全力で投げ、野手も全力疾走しました。それがこの1勝につながったと思います」

森山監督代行はこの試合で投手4人を継投させている。先発の安里、二番手に佐藤学（所沢グリーンベースボールクラブ）、三番手に渡邊、サイドスローの竹原俊介（龍谷大）が9回を締めた。森山自身、様々な思いを胸に抱えての初采配だった。

「よく2安打に抑えてくれたと思う。みんなでなんとか試合を作りたかった。ピッチャーは刻んで行こうと思ってました。白石監督に（投手陣を）指導してもらってきた結果だし、それも見せたかった。後期に入って自分が三塁コーチャーに立たなくなって、お見送りのときなんかにお客さんから『もう諦めてんの？』って言われることもあったんです。そういう気持ちはさらさらなくて。一日のほとんどあいつらと一緒にいて、伝わらないのが歯痒かったり……」

全員が並んでのヒーローインタビューが終わった。

「よーし！　お見送り行こう！」

ベンチの中から森山監督代行の声がかかった。

通算500イニング登板

三番・大二郎が左翼線へ2点適時打となる二塁打を放つ。

「初回に2点取られて、いつもなら、ああ……ってなってたと思うんですけど、金丸（勝太郎／日産自動車）が狙い通りのスイングをしてくれました。山口さんもエンドランでつないでくれて。2人に勢いがあって、その勢いを僕も感じてました」

下位を低迷してしまっていることの申し訳なさを、主将として誰よりも重く感じている。

対福岡後期7回戦（9月5日、アグリあなんスタジアム）5回表からリリーフした渡邊にとって、この試合が徳島で投げる100試合目の登板となった。

「何か運命的なものも感じますね。ここで2年、3年、4年とやってきて、前は長いこといることになっちゃったな……って思ってたんですけど。いろんなもの見て、勉強して。いまでは感謝の気持ちのほうが大きいです」

初回の2失点を、大二郎がすぐさま奪い返した。5回裏に追加点を奪い、逆転している。6回表のマウンドに登る前、過去の苦い記憶を思い出していた。

「2006年だったと思うんですけど、ちょうど同じ場面があって。同点から1点取ってくれて、小野監督から『1点を守りに入ったら、攻めてくる相手に対して受身になる』って言われて。守りにいった姿勢で負けたことがありました。それを思い出しましたね」

この4年間で、投手としての経験をたくさん積み重ねてきた。100試合目の登板にもそれが生きた。制球が定まらない。先頭打者を出したくないと、自分のことでいっぱいいっぱいになっていた、かつての自分はいない。試合全体を俯瞰して見られるようになりつつある。

「5回終わって2時間経ってて、ちょっと試合がもたついてしまってて。森山さんからも『ペース上げて行こうか』って言われてました。先発の片山（片山正弘／追手門学院大）が、雨のなかでよく粘ってくれた。ボールを散らしながら、うま〜く流して行けば……と思ってました」

6回を4球、7回を7球で凡打に斬って取っている。今シーズン9勝目を挙げたこの試合で、成長した姿を見せつけた。

狙いたい記録があるのだと言う。通算500イニング登板は2人が達成している。だが、いずれも複数の球団に所属しての達成だ。

「このリーグにスタートからいる人で、1つのチームで500イニング投げた人はいないんです。あと11試合ですから、ちょっと厳しいんですけど……」

あと14回と3分の1で達成する通算500登板は、この年無事に達成された。2008年、38試合に登板し、9勝12敗3セーブ。防御率3・67。4年間で505回と3分の2を投げた。

同時に徳島での4年間を終え、福岡レッドワーブラーズへの移籍が決まった。

徳島を去る渡邊が最後に米本家を訪れたとき、手にしていたプレゼントがある。試合で使っていた左投手用の青いグラブだ。福岡のチームカラーは赤である。青いグラブは徳島で手にしたたくさんの思い出と引き換えに、置いていくことにした。

「4年間、本当にお世話になりました」

感謝の気持ちがたくさん込められた青いグラブは、いまも米本家で大切に保存されている。

30勝46敗という「偉大な記録」

2009年、福岡でプレーした5年目のシーズンを最後に、渡邊はNPBへの挑戦にピリオドを打った。5年間の通算成績は132試合に登板、30勝46敗3セーブ。防御率3・77（投球回608回3分の1）。46敗という数字は野原慎二郎（高知）とともに、現在も四国リーグの最多敗戦記録である。

「あの記録は絶対抜かれたくないですね。偉大な記録だから」

いつも、そう言って笑う。

福岡を退団後、2010年から打撃投手としてオリックスに入団した。その後、肘を故障するなどアクシデントもあったが、スコアラー、2軍マネジャーなどを経て、現在は1軍マネジャーとして多忙な日々を送っている。

ほっともっと神戸スタジアムの一室で渡邊と再会した。話題が2006年、鳴門での小野監督とファンとの小競り合いの話になった。

「ありましたねえ。すごく覚えてます。お見送りのときにね。お見送りっていうシステムは、僕はすごくいいと思っていて。やっぱりコミュニケーションの場だし、自分たちを知ってもらうのも大事だし。でも、それだけ熱心に応援してくださっていた裏返しだと思う」

NPBの世界に身を置くようになり、勝敗がすべてに直結することを実感している。SNSでの誹謗中傷なども含め、良くも悪くもファンの持つ熱を感じる日々だ。

最初は少し恥ずかしかったお見送りは、すぐに慣れた。だが、最後まで慣れなかったのは、ファンが差し出す色紙にサインを書くことだった。

「なんて言うんですかね。まだ、これからプロ野球選手を目指してるなかで、自分がいまそれを書く。なんか、こっぱずかしいっていう気持ちはめちゃくちゃありましたね。最初から最後まで。でもそれでも、たとえば小っちゃい子が初めて見に来ましたとか、野球教室をした後に、その日一緒にいたグループの子から『背番号23番の人、サインください!』って言われたら『お、俺、頑張るよ』って感じにはなりましたけどね。その子たちに恥ずかしくないように頑張んなきゃなっていうのは」

ゼロから始まった、当時の四国リーグにいられたことは、なかなか経験できることではないと思う。「どうしてもプロ野球選手になりたい！」と思っている人間ばかりが流れ着いていた。

いまも忘れられない記憶がある。最も負けが続いた3年目、２００７年のことだ。

先輩たちと一緒に食事をする機会があった。集まっていたのは山口と小松崎、そして２００６年に入団した年上の捕手、福永泰也（豪・ビクトリアリーグ）、加藤光成（ＮＴＴ信越クラブ）の５人だ。

「もう8月とか9月とか夏場くらい。先輩らばっかりと食事したときに、ポンって急に聞かれて。『ナベ、優勝したいって思う？　このチームで』って。『優勝したい気持ちとプロ野球選手になりたい気持ち、どっちが強い？』みたいな」

正直な気持ちで答えた。

「自分がプロ野球選手になりたい気持ちのほうが、強いかもしれないです」

すると福永が、間髪を入れずにこう言った。

「俺はこのチームで優勝したい」

その一言が、いまも胸に深く刺さっている。

「でもホントにそれは、自分の正直な気持ちだったんで。野球選手になりたい。でも、フクさんは『このチームで優勝したい』って言って。毎日みんなのこと見とるんやって思って。変な話、その食事会で唯一ピッチャーとして呼ばれたのが自分で。先発で投げてるのに俺、チームのためにやってないんだ……。なんかうまく言えないですけど、あのときの会話ってめちゃくちゃ刺さってて」

NPBに来て、2軍マネジャーだったころ、独立リーグとの交流戦を何度か経験している。選手ではない立場となり、少し離れたところからそれを見たとき、いろんなタイプの選手がいることに気付いた。なんとかアピールしてやろう！　と必死な目をした選手。いかにも楽しそうで、「この子、ホントに野球が好きなんだろうなあ」と思わせる選手。様々だった。

「もう10何年前の自分を見ているようで……。なんかちょっと分かりますよね、やっぱり。僕は大学を入寮だけして、体験で辞めちゃったって感じだったので。実質やってないに等しくて。ホントにひと塊になってやる野球を高校以来、経験していないまま、こういうとこに来て。でも、そういうのをずっとやってきた方たちと話したら、改めてチームのために投げることってめちゃくちゃ大事だと感じたんです」

「なんとかプロ野球選手になりたい！」

そう言い続けてきた。だが、野球をする人間にとって大切なのは、本当にそれなのか？　このチームで勝つ。このチームを大事にする。そのほうが大切だったんじゃないか？

「プロ野球選手になりたい、だけじゃなくて。チームで僕も年数を重ねたからこそ、『そういう視点もいるんじゃないの？』っていうアドバイスだったのかもしれない。特に僕より2歳も3歳も上の人たちだったから、『ナベはそういうとこが変わればいいんじゃない？』って思われていたんじゃないかって。多分、そういう時間だったと思うんですよ、あのときの話っていうのは」

　勝利がまったく見えない状況の徳島で、年齢的なことを考えれば、ドラフトに指名される可能性は、ほとんどなかったのかもしれない。そんな諦めにも似た気持ちのなかで、自分の野球人生の最後に何か形を残したい。優勝して最後を飾りたい。先輩たちの胸には、そんな思いもあったのではないだろうか。野球はチームスポーツだ。自分1人だけの力では、どうにもならないから。

「多分、それぞれの思いがあったと思うんですよ。そういうとこですよね。『プロになりたい！』ばっかりだったのが、そういう気持ちに僕も、最後なれれば良かったって、ちょっと思いますね。だったらもっと、徳島インディゴソックスっていうチームに対して、また違ったパフォーマンスができた気がします」

　オリックスのスタッフとなって、今年で15年目になる。四国リーグがなかったら、いまの人生はなかった。

「まず、アイランドリーグがなかったら、いまの仕事になってないっていうのが大前提で。そのままだったらアダルトビデオショップで店長してたかもしれないし（笑）。それがプロ野球の球団でマネジャーしてるんで、すごい人生だと思いますけど。アイランドリーグがあったから、それはもう間違いなく、いまがあると思っていて」

生活は苦しかったが、それを超えるだけの楽しさがあった。夢を追いかけられる魅力があり、チャレンジできる価値がある。野球ができる。プロ野球選手になる夢を賭けて勝負できる。だから、苦しくてもみんなやれたんだと思う。みんな四国に、徳島に集まったんだと思う。

「トータルしたらめちゃくちゃ楽しかったし。めちゃくちゃ苦しかったですけど。うん。でも、それがあって、こうやっていまも仕事してますし。もう感謝の気持ちでいっぱいです。徳島にも、アイランドリーグにも」

２０２４年シーズン開幕の日、ホーム・むつみスタジアムの観客席に通じる入り口には、徳島にゆかりのあるオリックス所属の３人から届けられた、お祝いの生花が飾られていた。

２０１９年に監督を務めた牧野塁（現・投手コーチ）、２０２２年に入団した茶野篤政外野手、そして渡邊マネジャー。３人から贈られたきれいな生花が、20年目の開幕を祝ってくれていた。

「なんで徳島やねん！」暗転した運命

香川が使っている室内練習場が高松市にある。これから2010年シーズンが始まろうとしていた2月のある日、2人はそこで、彼がどんな選手なのかを見定めようとしていた。

1人は香川・西田真二監督。もう1人は、徳島の加藤博人コーチである。

キャッチボールに続いて、彼がケージに入る。打撃練習を見ていた西田が言った。

「ウチは西森（将司／北照高）がおるけえ。お前んとこ、どうや？」

「そうですねえ……」

そんな話し合いが行われていることも知らず、ケージのなかの彼、山村裕也（大商大）は、ピッチングマシンから繰り出されるボールを打ち続けていた。

その前年、2009年の夏。山村は「プロ志望届を出しますから」と言って、社会人野球からのオファーをすべて断っている。ドラフトで指名されなかったらどうするのか？　なんてことは、まったく考えていなかった。

山村の父、山村達也は元・近鉄バファローズの投手であり、現役引退後の1991年にパ・リーグ審判部に入局した現役のNPB審判員である（2016年に引退）。

以前、西田監督から「お前の息子、ええキャッチャーらしいやないか。もしドラフトでかからんかったら、ウチに来ることも考えといてくれ」と連絡を受けていた。

ドラフト会議を終え、NPB12球団からの指名はなかった。いまから社会人野球のチームへ行かせてほしいと言っても、すでにこちらから断ってしまったため道は閉ざされている。

年が明けた2010年2月8日、スポーツ紙に「大商大の山村捕手がフィリーズと契約」の見出しが躍った。MLBナ・リーグの強豪、フィラデルフィア・フィリーズと契約することになり、3月6日からのキャンプに参加するという。

だが、状況は一変する。発表から2日後の2月10日、この日予定されていた山村の記者会見が、フィリーズ側の要請により急きょ中止となった。契約についての報道に事実誤認があったことなどが理由だという。同時に春季キャンプへの参加の話も消滅している。

プレーする場所がなくなってしまった。そこで連絡したのが、四国リーグで監督を務める西田のところだった。山村がプレーできる場所は独立リーグ、四国・九州アイランドリーグしか残されていなかったのである。

前年のドラフトで徳島からは、正捕手だった荒張裕司（愛知学院大中退）が日本ハムにドラフト6巡目で指名されている。捕手のてこ入れは急務であり、実力のある選手を獲得したいと考えていたところに、山村の話が舞い込んできた。すぐに興味をもったのは言うまでもない。

後日、あらためて蔵本球場を訪れ、徳島の練習に参加することになった。徳島・堀江賢治監督（元・横浜）も、初めて山村のプレーを目にしている。

なるほど、確かにバッティングはいい。足も速い。だが、気になるところがある。守備のフットワークが良くない。

「肩はいいのに足が使えてない。バント処理にしても、セカンドスローにしても。セカンドスローなんか肩はいいのに、なんでこんなに遅いねん！　っていう。バント処理も、ボールを捕ってから自分の足の運びじゃないとスローイングができない」

試しにラダー（はしごに似せた、マス目状のひものようなトレーニング用具）を踏ませてみると、やはりうまくできない。ちょこちょこと細かく踏むステップが苦手なのだ。だから肩は強いのに、二塁送球が遅い。しかし、それはこれから直していけばいい。

「『だから、そのへんを変えていきましょうね』って話をしたんですよ」

堀江監督が伝えた合否の結果は「合格」だった。大阪に帰る車のなか、父がポツリと言った。

「入るんやったら徳島や。もう徳島入れ」

ところが、当の本人は釈然としない。こんなはずじゃなかった！　という思いが拭えない。

（なんで徳島やねん！　独立リーグかい！　こんなことなら社会人行っときゃ良かった……）

ただでさえドラフトで指名されなかった心の傷が癒えておらず、落ち込んでいる状態だ。体重もここのところのドタバタで、５キロほど落ちている。まるで、いろんな人から「お前はダメだ！」と言われているようで、現実を受け入れられない。いや、受け入れたくない。

しかし、野球をやるなら徳島しかないのだ。


「もう、メシを食うのがやっとやん」


徳島の一員となって練習を続けているうちに、独立リーグに抱いていたイメージは大きく覆されている。自分が考えていた以上にレベルが高かったのだ。

「いっぱいおるやん、すごい人。正直、ナメてたな……」

とはいえ、新入団選手の誰もがそう考えるように、山村もまた今年1年でドラフトにかかってやろうと考えていた。

だが、練習環境はあまり良くない。このころになると、すでに吉野川河川敷のグラウンドでは練習しておらず、県内の企業が所有する鳴門市内のグラウンドを借りて練習している。

普段の練習には、さほど問題ない。だが、雨が降ると練習する場所がなくなってしまう。グラウンドが使えないときは、蔵本球場のコンコースでウォーミングアップをし、ブルペンを使ってティー打撃を行う。それくらいしか練習できなかった。

給料も十分もらっているとはいえない。

「もう、メシ食うのがやっとやん……」

初めての給料明細を見て、がく然とした。

このころになると、リーグ創設当初に選手たちがもらっていた、ミールマネー込み月額20万円などという金額ではなくなっている。詳しい金額は分からないが、おそらく10万円に満たない程度だろう。親からの仕送りを受けてやりくりしながら、なんとか野球だけはやれている。

2006年に4球団が分社化されて以降、徳島の経営状況はほとんど改善されておらず、赤字が続いたままだった。4年間の累積赤字は1億5000万円に上っており、2010年3月、徳島の運営、経営を行っていた株式会社ユーセイホールディングスの手束直胤社長は「球団の運営から撤退する」と発表した。

これにより、2010年シーズンから徳島は、四国リーグが直接運営していくこととなる。新たなオーナー、スポンサーを早急に探し出さなければ、球団の存続は難しい。かつて高知が経験した球団消滅の危機が、現実に迫ってきていた。

シーズン開幕後、山村は意気込みすぎて肩を痛めてしまうアクシデントこそあったものの、ポテンシャルの高さをすぐさま発揮している。打てて走れる捕手であることが持ち味だ。

対愛媛前期5回戦（5月4日、アグリあなんスタジアム）、八番・捕手として出場し、2回裏に中前安打で出塁した。積極的に大きなリードを取ると、相手捕手は何度もけん制球を投げてきた。しかし、それをあざ笑うかのように二盗を成功させる。4回裏にも四球で出塁し、この日2つ目の盗塁を決めてみせた。

「とりあえず、走れんヤツより走れる方がいいでしょう。足があるところをアピールしようかな？　と思ってました。きょうは盗塁したくてしょうがなかったです」

実はここ2試合、守備のミスでスタメンを外されており、先発マスクは3日ぶりとなる。正捕手争いを勝ち抜くために、足が使えるところもしっかりアピールしておきたかったのだ。

謙虚なバッティング

2010年シーズンは、前年度限りでリーグ戦からの撤退を発表した福岡を除く5球団が、総当たりで戦うリーグ戦となっている。同時にジャパン・フューチャーベースボールリーグ（JFBL）所属の2球団、「三重スリーアローズ」「大阪ゴールドビリケーンズ」との交流戦が公式戦として行われ、勝敗、個人成績が公式記録として扱われた。

5月21日、ビジターゲームとして行われた対三重前期3回戦（津球場公園内野球場）4回表、無死二、三塁の場面で五番・山村が2球目を引っ張る。高く上がった打球が三塁側スタンドの遥か向こうへ消えていくファウルになった。

三塁側コーチャーズボックスから森山コーチが山村に声をかける。

「その気になるな！　謙虚に、謙虚に！」

徳島から車で３００キロ離れた三重まで応援に来ていた橋本早紀は、それを聞いて思った。

「……森山さん、バッティングに『謙虚』って、何？」

4球目、投手の足元をすり抜けた打球が中前へと転がり、2点を先取する適時安打となる。5回に左翼スタンドへライナーでたたき込む1号3ランを。9回にも右中間を破る三塁打を放ち、ダメ押しとなる3点を奪う。4安打8打点、クリーンアップの1人として大きな存在感を放っている。あの三塁側へ消えていった大きなファウルが、いい感覚を思い出させてくれていた。

「真っすぐで差し込まれて、1球ファウル打って。次のインコースの球に、自然に体が回って反応できたんですよ。あのファウルが大きかった」

チェンジアップを中前に運んだ2点適時安打を振り返り、「思い切りが良かったですね」と満足そうな笑顔を見せる。

コーチャーズボックスから聞こえる森山コーチの声が、高ぶる気持ちを落ち着かせてくれる。ときにはタイムがかかっているタイミングで打者に近寄り、耳打ちする場面も少なくない。

「このピッチャー、真っすぐのコントロール悪いから！　狙うんならしっかり振りなさい！」

結果は中飛に倒れたが、山村の4打席目にはそんなアドバイスが送られていた。

雨が続いた今週は、蔵本球場のブルペンでティー打撃をするくらいしか練習できなかった。だが、そういうタイミングだからこそ、選手とゆっくり話をする時間がある。

そんなことがあった後での、きょうの対三重戦だった。森山コーチが山村について語る。

「元々、いいものを持ってる子だし、打球も速いし、よく頭が動く。スイングのなかで、もう1つこうして欲しいなぁと思って練習から取り組んだことがあったんです。でも、行動に出すって難しいんです。あの子のなかではきょう、全部いい方向に出てた」

「謙虚」という戦いの場においてあまり似つかわしくない言葉は、それを思い出させるためのヒントだったのだろう。

「言ってるのは、もちろん技術的なことなんですけど。『こうやって打ちなさい』とか、そういうことを言ってるわけじゃあないです」

ただ、自分が打てればいい、試合に勝てばいい、ではない。練習で取り組んでいることを試合のなかで行動として出す。目指す姿に少しでも近づくために、なりたい自分になるために、しっかり考えてイメージして取り組む。入団して3カ月、多くのものを吸収しようとしていた。

創設7年目の初優勝

2010年シーズンを終え、徳島は前、後期ともに3位。前・後期優勝を果たした香川がリーグチャンピオンシップで年間2位の高知を下し、年間王者となった。続いて行われたグランドチャンピオンシップでも、BCリーグ王者の石川ミリオンスターズを下し、通算3度目となる独立リーグ日本一の座に就いている。山村は捕手としてベストナインを受賞したが、ドラフト指名はかなわなかった。

2010年から2011年にかけて、独立リーグは大きく形を変えている。

2010年シーズン戦終了後、経営的に厳しい状況が続いていた長崎がリーグから撤退することを発表。その後、球団運営会社は破綻し、球団消滅という最悪の道をたどっている。

シーズンを通して交流戦を行った、JFBLの2球団にも動きがある。

大阪は2010年6月、選手の一部が起こした野球賭博問題を発端に、経営難に陥っていた（その後、2011年1月に球団は解散）。これによりリーグの維持が困難となったJFBLは、9月にリーグの活動中止を発表。残された三重は四国・九州リーグへの参入を申し入れ、11月に正式に加盟が承認された。これによりリーグ名も改称することになった。現在の「四国アイランドリーグplus」となったのは、この年からである。

2011年は、徳島の首脳陣も顔ぶれが変わった。堀江監督に代わり、前年まで5シーズン、愛媛でコーチを務めた斉藤浩行（元・広島ほか）が監督に就任した。

山村にとって、勝負を賭けた2年目のシーズンが始まった。だが、開幕戦から思わぬケガに見舞われている。試合中、「強打者の職業病」とも言われる左手の有鉤骨を骨折した。次の打席、右手一本で右前に安打を放つガッツを見せたが、キャッチャーミットをはめた左手の痛みは激しく、捕球するどころではない。試合に出続けることはできなかった。

手術で折れた骨片を除去し、復帰できたのは2カ月後の6月だった。

斉藤監督率いる新生徳島は4月を終え、高知と7勝2敗で並ぶゲーム差ゼロのデッドヒートを演じた。5月5日に単独首位に立つと、5連勝で一気に高知との差を広げる。

6月1日に前期優勝へのマジックナンバー「M9」を点灯させると、初のリーグ優勝に向けて着々とマジックを減らしていく。「M1」を点灯させて臨んだ6月29日、対高知前期7回戦（高知球場）に3対0で勝利し、球団創立から初めてのリーグ優勝を達成した。

187センチある斉藤監督の大きな体が宙に舞う。22勝8敗2分け、勝率・733という成績は、当時の四国リーグの最高優勝勝率である（2024年後期、徳島が24勝6敗4分けで優勝。勝率・800を達成。記録を更新した）。

2008年から徳島でコーチを務めて4年目、一時は監督代行も務めるなど、苦しい時代を乗り越えてきた森山コーチが言った。

「去年まで守備のチームだったじゃないですか。そこに今年、斉藤さんの打撃指導が加わった。前の監督からつながっているものがある」

前任の堀江監督が鍛えた選手たちが、大きく成長を遂げてつかんだ、初めての栄光だった。

優勝経験がない男の意地

山村がそんなことを口にしたのは、リーグチャンピオンシップでの戦績を1勝1敗のタイに戻した翌日のことである。

「自分の成績のことはいいから、とにかく勝ちたいです」

前期王者・徳島と後期王者・香川が年間優勝、さらに独立リーグ日本一を決める「グランドチャンピオンシップ」への出場を賭けて争っている。

「第1、2戦ともに安打が出ている。好調だね」という話のなかで、そんな強い気持ちを告白した。以前、話していた野球選手としては決して小さくないコンプレックスを、冗談めかしてまた口にする。

「小、中、高、大、優勝がない」

実際には今年の前期優勝を経験しているから、優勝していないわけではない。

「最後3分の1くらいに出させてもらっての優勝だったから、全部出て優勝したいんですよ」

リーグチャンピオンシップは先に3勝すれば年間総合優勝である（当時）。第3戦が行われたのは10月1日、舞台は徳島のホーム、JAバンク徳島スタジアムだった。

1対2と、香川にリードされて迎えた4回裏、徳島の攻撃。山村の打球が右中間へ舞いあがる。それを目で追いながら、一塁を回ったところで高く右拳を上げた。同点に追いつく今大会1号ソロにスタンドが沸き立つ。試合の前半、二死走者なしから同点に追いついたことで、勢いが一気に加速する。

第1打席は香川先発、酒井大介（駒澤大中退）のストレートに詰まらされ、遊飛に終わっている。特別、ボールにキレがあったわけではなかった。

「詰まらされたのが悔しかったんですよ。（球威が）来てるかな？　と思ってたのに来てなくて。斉藤さん（浩行監督）に『うしろ大きくなってるよ！』って言われて、そこを修正して。きょうはいける！　自分のスイングができれば！　と思ってました」

香川は5回から酒井に代え、サブマリンの塚本浩二（元・ヤクルト）を投入する。だが、徳島打線の勢いは止まらない。3対2と勝ち越し、一死満塁の場面で山村に打席が回る。

塚本に対し、斉藤監督から「引っ張りに入れ！」と言われている。外角へ逃げる変化球と、シュート系の内角へ食い込むボールが織り交ざってくる。3ボール1ストライクと打者にとって有利なカウントになった。ここで甘い球が来ないわけがない。

ストライクが来たら絶対打つ！　フォアボールを狙いたい気持ちを抑えて、強気に打ちに出た。打球が鋭く三遊間を破る。2点を追加し、5対2と点差が広がった。

「ホームランで気持ちも乗ってたっていうのもありますけど、改めて野球は気持ちやな！　って思いましたね」

ヒーローインタビューのマイクに答える。観客席には、初めて徳島まで試合を見に来てくれた母・しのぶさんの姿があった。

「うれしすぎてダメですね、こんなんじゃ。12時までにしときます。はしゃぐのは」

ヒーローには試合後、取材が殺到している。荷物を抱え、ダッグアウトから球場外へとつながる通路に出てきたころには、もう他の選手たちは誰もいなくなってしまっていた。蔵本公園の木立のなか、ベンチに腰かけて待っていた母と久し振りの対面を果たした。

もう1年、やらせてほしい

香川を下し、初めての年間優勝を達成した。グランドチャンピオンシップで対戦するのは、2

年連続でBCリーグの年間王者となった石川だ。昨年のグランドチャンピオンシップで香川に敗れ、独立リーグ日本一の座を逃している。

石川のホーム、石川県立野球場で行われた第1戦、第2戦に敗れた徳島は、もう後がない。日本一となるには、ホームで行われる第3戦（10月29日、JAバンク徳島スタジアム）に勝利することが絶対条件となる。

ドラフト会議が行われたのは、第3戦が行われる2日前、10月27日だった。

四国リーグからは昨年の6人に続き、育成枠ながら7人が指名される大量指名となった。徳島からも富永一投手が広島から育成1巡目で指名されている。山村もドラフト候補として指名を待つ席に着いていたが、最後まで名前が呼ばれることはなかった。

香川・西森将司がDeNAから育成2巡目で、高知・飯田一弥がソフトバンクから育成7巡目で指名されている。前年に愛媛・靍岡賢二郎がDeNAに指名されており、4球団中、この2年間で指名されなかった正捕手は、徳島の山村だけである。

練習を終えて、エース・大川学史と一緒にいたときのことだ。あすの第3戦、大川は先発が予定されている。大川が山村に声をかけた。

「来年は（NPBに）行けるよ！　あした頑張ろうぜ！」

そんな落ち込んだ顔してるかなあ？　そう思っていると、大川が言葉を続けた。

「俺、上がるから。あしたが最後になるかもしれんし。最後、頑張ろうな」

引退を決めている大川さんの、最後のマウンドになるかもしれない。終わったことをグダグダと考えていてもしょうがない。まだ、俺にはやるべきことが残っている。しっかり、あしたの第3戦に向き合おう。そして勝つ――。

もう、山村に落ち込んでいる暇はなかった。

10月29日、JAバンク徳島スタジアム。グランドチャンピオンシップ第3戦が行われる徳島の空は曇っていた。第1、2戦で石川に敗れ、徳島はもう後がない。斉藤監督が試合前のミーティングで「きょうしっかり頑張って、3試合やろう！」と声をかける。

共に第1戦に先発した徳島・大川、石川・南和彰（元・巨人ほか）の両エースが、今大会2度目の先発マウンドに登る。序盤からお互いに得点を許さない投手戦となった。

5回裏、徳島打線が南をとらえる。先頭の八番・東弘明（八日市南高／元・オリックス）が、バットを折りながら中前に落ちるテキサス安打で出塁した。二死三塁となり、二番・関口大志（東洋大中退）の打ち返した打球が南の足元を抜け、中堅手の前に転がっていく。東が三塁からかえり、徳島が1点を先取した。

7回に入ったころ、小雨が降り始める。ここまで5つの四死球と不安定ながらも、石川打線を無得点に封じていた大川が二死一、三塁のピンチに陥る。徳島ベンチは大川に代え、今シーズンの最優秀防御率のタイトルを獲得した岩根成海（帝京大）を投入する。二死満塁としながらも、次の打者を146キロのストレートで空振り三振に取り、この窮地を脱した。

追加点を奪いたい徳島は7回裏、八番・東の右前打から無死三塁のチャンスをつかむ。だが、遊直に飛び出した東が三塁に戻れず、タッチアウトとなってしまった。無死三塁が一瞬にして二死走者なしとなる。試合の流れが大きく石川へ傾いた。

8回表、連続安打から一死満塁と走者を溜めると、八番・佐竹由匡（日本ベースボール・セキュリティ専門学校）の左前適時打により、石川が1対1の同点に追いつく。

二死満塁となり、一番・戸田衛（阪南大）がバックネット方向にファウルボールを打ち上げた。球審のすぐ後ろに落ちてくる浅い捕邪飛を、山村のミットが弾く。ボールは照明に照らされたファウルグラウンドの芝生の上に転がった。スコアボードに「E」のランプが灯る。

戸田が押し出し四球を選び、石川に勝ち越しの2点目が入った。続く二番・楠本大樹（佐川印刷・軟式）の遊内野安打により三塁走者が生還する。3点目がスコアボードに表示された。

徳島は8回裏、南の前に三者連続三振を喫する。9回裏、二死一塁、石川・森慎二監督（元・西武）がマウンドに送ったのは佐藤広樹（安田学園高）だった。2005年、高校卒業と同時に徳島に入団し、2シーズン在籍した後、石川でクローザーとして大きく成長した右腕だ。

東が右中間への飛球に倒れ、徳島は敗れた。石川は昨年の雪辱とともに、BCリーグの球団として初の独立リーグ日本一の座に登り詰めた。

あのとき、8回表の守備に就いたとき、予兆はあった。

先頭打者の打席の途中でキャッチャーミットのウェブ部分のひもが切れ、山村はミットを取り換えている。予備の新しいミットの革がまだ硬く、手になじんでいない。2本のひもが両方切れてしまったミットに代えて急きょ使用したのは、以前使おうとしたが形がしっくり来ず、後輩にあげてしまったミットだった。

「『ヤバい！』と思いましたけど、（試合前の）ブルペンで1本切れて、残ってるこの1本で行こうって。今年ずっと使ってるミットだったんです。僕の準備不足です」

今シーズンに入り、5本ほどひもを切ってしまっている。

「道具にしてもそう、準備ができていない」

そう言って、また悔やんだ。

「山村じゃなくなりたい。名前が変わるくらい。そこから変わらないと。この試合も、ドラフトも含めて。『山村、こんなに変わったんだ。別人みたいや！』って言われるようにならないと。リフレッシュなんかいらないです。ウエート（トレーニング）します。これで変わらんかったらクズでしょう！　これだけのこと経験して変わらんかったら！」

試合が終わったその日の夜に、チームメートである根鈴雄次（エクスポズ3Aほか）の自宅を訪れている。トレーニング知識の豊富な根鈴に「筋トレ、教えてください!」と頼み込んだ。何かを変える。見た目から変える。足を太くして、体幹を強くして——。

その場で根鈴から大量のサプリメントを購入している。

試合の前日、両親の前で頭を下げていた。

「本当にラストのつもりで、もう1年やらせてほしい」

「お前の好きにせえ」

ドラフト指名を逃したのが、大学時代を含めて3度目。今年のドラフトがこれまでで一番悔しい。四国リーグに来て、自分よりも上のレベルの選手との差を感じるなかで、自分の何が良くて何が足りないのかは理解しているつもりだ。来シーズン、その答えを結果として出したい。

だが、このグランドチャンピオンシップ第3戦は、大川の引退試合となったとともに、山村がマスクを被った最後の試合となった。

審判として踏んだNPBの土

引退のきっかけとなったのは、左膝の半月板を損傷していたことだった。現役を続けるなら手術は避けられず、次のシーズンを棒に振ることになる。悩み抜いた末に、2010年シーズンをもって選手生活を終えることを決断している。

現役を続けるのか、諦めるのか。悩んでいたときに父が持ってきたのは、ＮＰＢ審判部への入局試験の話だった。審判の採用枠に空きがある。

「でも、悩みましたけどね。それはめっちゃ悩みましたけど。いろんな人に相談して。父の収入とかも知ってますし、野球でメシが食えるっていうのも分かってたんで。悩みましたけど、そうしましたね。当時つき合ってた嫁さんとか、お世話になった人とか、自分の意志だけじゃないですけど。まあまあ、プロになっても大した選手にはなってないと思うんで……」

２０１２年2月6日、ＮＰＢは山村と審判員として契約したことを発表した。ＮＰＢ初となる親子二代の審判員が誕生している。

あれから13年が経とうとしているいまも、あの落球の悔しさは忘れていない。四国リーグでの思い出は？　と尋ねられれば、あのワンプレーが思い浮かぶ。

「それしか……。それしか出てこないです」

では、徳島での2年間でいい思い出は？　と尋ねた。

「いい思い出かあ。悪い思い出しか出てこない（笑）。でも、いま振り返ったら、すごく人に恵まれて。仲間もそうですし、それこそ嫁さんも徳島で出会いましたけど、いろんな縁がありました。いまだに関わってる人がいっぱいいいますし」

徳島で学んだことが、審判という仕事に間違いなく生きている。NPBに一番近いところで野球がやれた。NPB出身の監督、コーチの下で野球を教わったことで、自然と身についているものがあった。だから、NPBの舞台に立ったとき、特別な驚きがなかった。NPBもこんな感じか……と感じていた。

「つながってるっていうか。審判と選手は全然違うんですけど。でも、生きてますね。やっぱり、野球をちゃんと知っとかないとダメなんで。ルールを知ってるとかそういうのじゃなくて、野球を知ってたほうが、絶対仕事には生きるんで。本当、徳島での2年間のおかげじゃないですかね。学生野球しか知らずに入ってたら、絶対いまよりもっとダメだったと思いますし」

四国リーグは野球を勉強させてくれた場所だ。大学時代の4年間よりも、徳島でプロとして活動した2年間のほうが、より野球の深い部分について学ぶことができた。いままで全然知らずに野球やっていたな、と思う瞬間がたくさんあった。

「現役の子たちには、ホント悔いのないようにやってほしいですね。もう、僕らの時代とはちょっと違う。望んで四国に来る子とかもいるじゃないですか。NPBに行く選手も増えて。大変やと思うんですけどね。最後の時間だと思う。ホントのラストステージだと思うんで」

選手として同じグラウンドに立つ徳島の後輩も増えた。それとともに、四国リーグ審判部からNPB審判部に上がってくる後輩も年々増えている。

「四国で選手をやってた子が審判になってほしいですね。まだ、僕だけなので。多分、選手やってる子たちは、そういうことも考えてないんでしょうけど」

鳴門オロナミンC球場は現在、全面改修に入っており、2026年の完成が予定されている。2万人を収容できる新しいスタジアムにNPBの公式戦を誘致したいと、各自治体が力を入れているところだ。

審判になってから一度だけ、鳴門で開催されたオープン戦（2013年3月5日、阪神対中日戦）の審判を務めたことがある。鳴門で開催された、最後のNPBの試合だ。

「そのときは、僕が若すぎたんで……。徳島で試合が開催されて、それに行きたいですよね、やっぱり。全力で審判長にアピールしますよ！　『鳴門の試合に当ててください！』って」

山村が引退した翌2012年シーズン、徳島はかねてから検討してきた「共同オーナー制」に移行する。2月に複数のオーナーによる新たな運営会社「パブリック・ベースボールクラブ徳島」が設立され、新会社による独立経営が始まった。リーグの直接経営から離れて独り立ちし、健全経営を目指す道を歩み始めている。これにより、これまで球団を経営してきた「徳島インディゴソックス球団株式会社」は破産手続きを開始することになった。

2013年には株式会社WoodStockの社長である荒井健司氏がオーナーに加わり、現体制の基盤ができている。

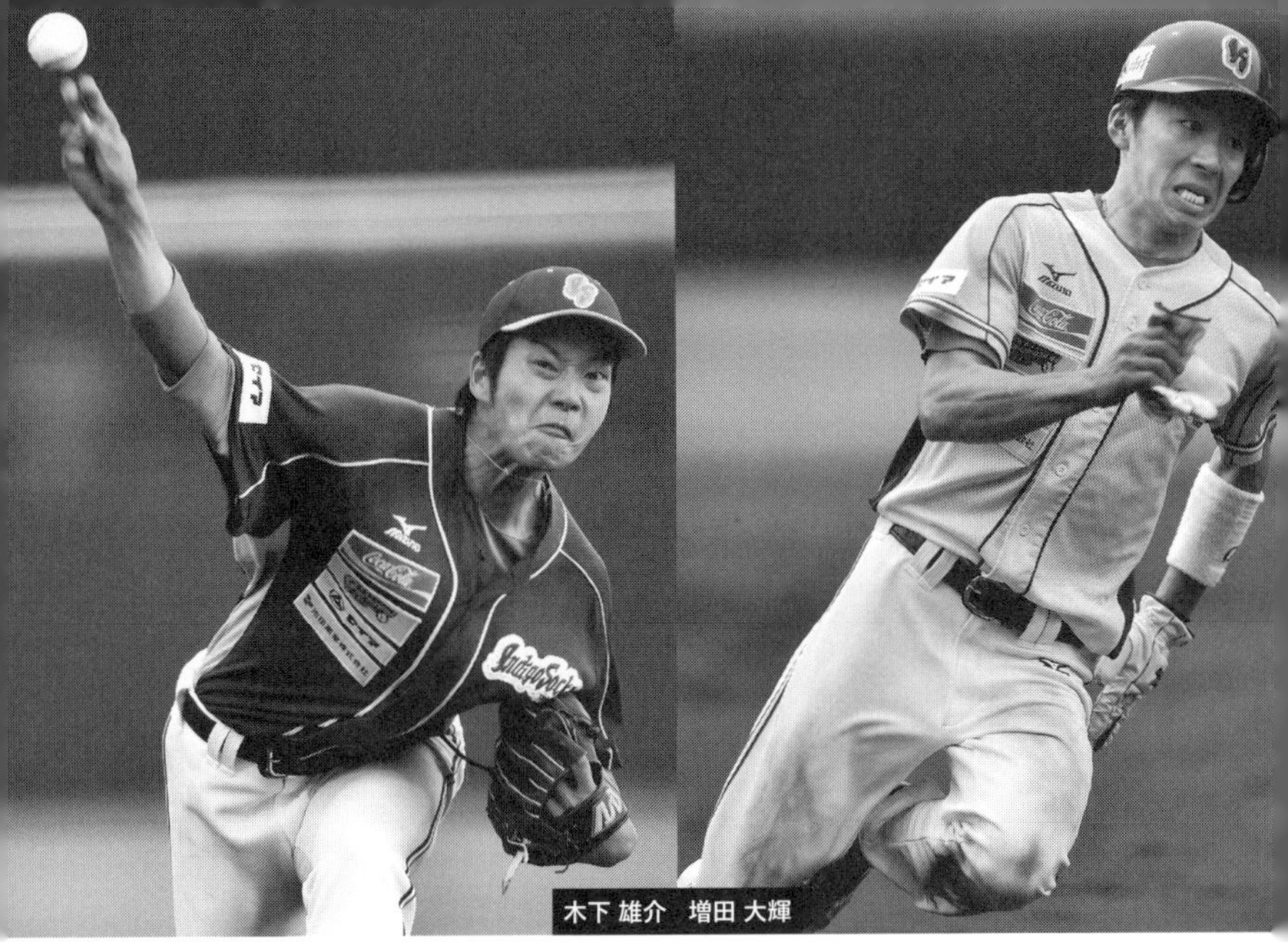

木下 雄介　増田 大輝

第5章

諦めの悪い男たち

増田大輝
木下雄介
松嶋亮太

「もっちゃん、球団職員になったらいいじゃん」

徳島は2011年、球団初の前期優勝を達成した。その後、香川を下して年間総合優勝を成し遂げている。この年の2月、新たに球団代表として就任したのが坂口裕昭である。東大法学部を卒業し、企業法務全般を扱う弁護士が、縁あって代表を務めることになった。

神奈川で過ごした少年時代、野球部に所属していた経験がある。弁護士になって5年目だった2008年、翌年に発足する関西独立リーグの合同トライアウトを坂口も真剣に受験しており、その挑戦が地元新聞に取り上げられたという変わり種でもある。

球団としてリーグ戦での成績とともに、試合運営やボランティアスタッフのあり方などにも改革を試みていたのがこのころだ。ボランティアスタッフの陣容も、以前とは様変わりしている。川原軍団がボランティアに参加しなくなってから、もう3年ほど経つ。早紀も2009年に結婚し、2010年に出産するギリギリまでは試合運営に携わっていたが、いまは子育てに忙しく、それどころではなくなっている。

代表に就任してすぐに坂口は、ボランティアスタッフの中心メンバーである元子ら数人にヒアリングを行った。いま、何が問題なのか？　を確認するためである。

ボランティアスタッフであろうが球団職員であろうが、球場に訪れる観客からしてみれば、すべて同じ試合を運営するスタッフだ。内輪で楽しくやっていた素人の手作り感が良かった部分もあるが、現実的にそれで集客人数は落ちている。変えるべきところは変えなくてはいけない。ある意味、運営側も「変革期」であったことは間違いない。

坂口は元子に声をかけた。

「もっちゃん、球団職員になったらいいじゃん」

「職員……ですか」

収入源となっていた徳島大学工学部の仕事は3月末で契約が終了している。ボランティアスタッフとしてではなく、球団職員として働くことで経済的に安定する部分もある。

「職員になりなよ。好きな仕事なんだし」

「そうですねえ……」

そんな簡単に「はい、分かりました」とは言えない。元子はしばらくの間、今後の自分の方向性について、頭を悩ませることになる。

「インディゴの職員になったら、社会人とか阪神とか、ほかの野球観戦に行けなくなるやん！　社会人や高校野球や、ほかの試合運営にも行けなくなる！　シーズンの時期は被ってるんやし……。もし職員になったら、高知の久保田さん（当時の球団スタッフ）みたいに自分でアナウンスやるとか、記録員やるとか。そしたら経費削減につながるか……。でも、いまのインディゴにそんなゆとりがある？　試合中、一ところに職員が座っていられるような、そんな余裕がある？　私はずっと野球の運営に携わりたいんよ。長くそれを続けるためには、一定の距離感を保ちながら、自分の好きな仕事に専念できる、いまのポジションのほうがええんと違うん？」

「ほな、もっちゃんは職員になりたくないいん？」

「う〜ん……」

ボランティアスタッフの仲間に相談してみても、なかなか答えは出なかった。

これまで6年間、球団スタッフは慢性的な人手不足に悩まされ続けている。それを目の前で見ているからこそ、生まれてくる責任感がある。イベントの手伝い、スタジアムMCに読んでもらう原稿の作成など、自分ができることは率先してやってきたつもりだ。

「もっちゃん！　これやっといて！」

「は〜い！」

そうやって頼られることがうれしかった。

だが、長く仕事を続けていると、溜まるストレスがないわけではない。職員からの指示がなく、どう動けばいいのか判断できないことが、たまにあった。イライラが募り、思わず当時の職員に強く言ってしまったことがある。

「お給料もらってやってるんですよね！」

「仕事ですよね？　もうちょっとしっかりしてくださいよ！」

その職員を泣かせてしまったことは、心に大きな傷跡として残っている。

長くボランティアスタッフをしていれば分かる。職員にはそれができない理由があるのだ。自分たちが思いつくことなんて、職員はもうとっくに分かっている。でも、できない理由や、ほかにやらなければいけないことがあるのだ。もしかしたら若干の怠慢もあるのかもしれないが、何かしらの理由はあるはずなのだ。

できていない理由を分かろうともせずに、なんか偉そうに……。自分が深く携わって戦力になっているという自負からか、年数を経るに従って、自分は偉そうになっていたな……。あの当時いた職員さんに謝りたい。

「……もう、当時の私をしばき倒したい」

頼まれると絶対に「嫌だ」とは言えない姉御肌な部分を、自分自身よく分かっている。

2011年8月、米本元子は正式に、徳島インディゴソックスの職員として採用された。

とび職からプロ野球選手を目指した男

小松島高校で主将を務め、エースとしてマウンドに登っているころから、増田大輝は自分にプレッシャーをかけ続けてきた。人からこの言葉をかけられることを良く思わない。

「応援してるから――」

そう言われて、結果を出せないと落ち込む。結果なんて、毎回必ず残せるものではないし、相手が純粋に頑張ってほしいと思って言ってくれていることは分かる。だが、周りの期待に応えなければいけないと、自分を追い込んでしまう。そのプレッシャーに、いつの間にか押しつぶされそうになってしまっていた。

だが、「応援してるから」と言われたくないのは、応援してほしい気持ちの裏返しだ。

「いろんな人から『応援してるから』って言われたのに……。応援してくれてるのに辞めるのか……。もう俺のこと、応援してくれんようになるな……」

大学野球とは、まったくそりが合わなかった。最初のころは守備練習にも入っていたのだが、なかなか自分のやりたいようにさせてもらえず、「肘が痛い」と言ってノックに入らなくなった。そんなことが続き、1年時はほとんど練習に参加していない。だが、光るものは持っている。急にメンバーとしてベンチ入りするよう告げられ、公式戦に出場すると安打を放つ。

4年生が卒業し、新人戦、冬練習と続いたスケジュールのなかで、「足を壊した」と言ってグラウンドに行かなくなった。結局、2年に進級してしばらくしたころに退学している。2013年5月のことだ。

7月29日で二十歳になる。まだまだ動ける体でいたい。体力は落としたくない、と考えていた。そんなとき友人から勧められたのが、とび職のアルバイトだった。

「重たい物を持つとかトレーニングにもなるし。ちょっとでも体力がつくなら、ええかもしれんなあ」

高いところでの仕事は、思ったほど怖くないようだ。だが、仕事の種類が多く、完ぺきに覚えるのはそう簡単ではない。しかし、とび職の先輩たちはとても明るく、親切に仕事を教えてくれる。昨年までのようなギスギスした人間関係は、そこにはなかった。

とび職人の見習いとなって1カ月ほどが経ったころ、電話がかかってきた。

「お前、野球やれへんのか?」

小松島高校時代のコーチ、中西嘉昭からだった。このまま増田の実力を埋もれさせてしまうのは、あまりにももったいない。そんな思いから電話をかけている。

「軟式はやり始めました」

「いや、硬式よ。硬式はもうやらへんのかって」

野球をやりたくないわけではない。

だが、ドロップアウトした自分が、もう一度、真剣に野球をやってもいいのか? 第一、受け入れてくれるチームがあるのか? もう1年以上、練習らしい練習をやっていない。本音を言えば、ブランクの怖さだってある。

あの重くのしかかってくるプレッシャーに、もう一度身をさらそうと思えるだけの覚悟はまだ固まっていない。だが、中西コーチは言葉を続ける。

「インディゴあるやろ。俺がちょっと、話進めたるわ」

「あ、ありがとうございます」

とりあえず、そう答えて電話を切った。

「インディゴソックスか……」

秋に四国リーグのトライアウト（入団テスト）が行われるらしい。夏が近づいたころから、草野球の合間に硬式のボールを握るようになった。本格的に徳島への入団を目指し、時間のあるときに母校のグラウンドを使わせてもらっている。徳島でもう一度、野球がやりたいという気持ちと、本当にやれるのか？　という不安とが葛藤していた。

「お前をプロに行かせる」

徳島の球団代表となって2年が過ぎ、坂口もすっかりこの街に溶け込んでいる。

社交的で人とコミュニケーションを取ることが好きな性格だ。盛り場に顔を出せば、気さくに話のできる顔なじみも増えていた。

そんな飲み友達のなかに、一人の棟梁がいた。いつものように店で一緒になり、楽しく飲んでいたときのことだ。一瞬、真剣なまなざしになったと思うと、ポツリポツリ語り始めた。

「ウチのとび職の若い衆で、高校まで真剣に野球やっとったヤツがおるんですよ。わいは野球やってないけん、見てもよう分からんし。大体、そいつが野球しよるとこ見たことないけん」

普段は野球の話などまったくしない男である。それだけに少し興味深い。

「周りの人間も『あいつ、うまいわ！』とか言うんですよ。『草野球しかせんのはもったいない』とか言うて。わいはよう分からんのやけど……。『このままとび職に置いとくんはもったいない』とか言うヤツもおるんですよ。ほんなこと思たら、確かにこのまま野球せんと仕事させるんはかわいそうな気もするし……。坂口さん、いっぺん会うてみてもらえんですか？」

優しい人なのだろう。真剣な思いはちゃんと伝わってきた。

だが、あくまで酒の上での話である。一度本人と会って、直接話を聞いてみないと何も分からない。ちょっと野球がうまいからと言って通用するほど、ここは甘い世界ではない。

「いいですよ。それじゃあ1回、会ってみましょう」

その若いとび職見習いの職人を面談することにした。

「どんな子が来るのかなあ……？」

坂口の興味はますます大きくなっている。一度、挫折した選手を育てたい。そんな思いも胸のうちにある。

2011年のある秋の日、増田は球団事務所が入っているビルに到着した。着慣れていないスーツが、どうもしっくりこない。これだけは言おうと、決めていたことがある。

「もう1回、野球がやりたい。それだけはしっかり伝えよう」

球団事務所の扉を開き、増田が入ってきた。

「増田大輝です。よろしくお願いします」

スーツに「着られて」しまっている姿が、逆にいじらしく見える。ああ、一生懸命着てきたんだろうなあ……。そんなことを思いながら、「増田大輝」という名前にピンと来た。

「小松島の増田……?」

チーム編成のため、県内の高校野球は常にチェックしている。一昨年の夏、徳島大会準決勝まで勝ち上がった小松島高校のエースのことは覚えていた。

面談のために用意した部屋に移動し、2台の長机を挟んで、2人が向かい合って座る。すぐに増田の突き刺すような目の鋭さに圧倒された。

(武士の目だな……)

やせていて、背は175センチほどある自分よりも少し低い。だが、その真っすぐな視線と落ち着いた物腰は、まだ二十歳の青年だとはとても思えない。

どういう経緯で大学を辞めることになったのか？　その後、野球はやっているのか？　練習についていけないんじゃないか？　あまり聞かれたくないであろう質問も含め、根掘り葉掘り尋ねてやろうと思っていた。だが、その目の力強さに、こちらが圧倒されそうになっている。

思わず一言だけ聞いた。

「やる気あるか？」

「あります。もう一度、やりたいんです」

弁護士の仕事とは、人を見ることだと思っている。人を見る目には自信があるが、野球選手の実力を見抜ける目は持っていない。だが、闘志むき出しの目と、真剣なたたずまいが坂口の心を揺り動かしてしまった。

すでに球団代表として3シーズンを経験している。これまでも高校、大学の有名校でならした選手が独立リーグに挑戦し、まったく成績を残せないまま消えていく姿を見てきた。増田がものになるかどうか？　なんて分からない。しかし、こいつに賭けてみようと思わせるだけの空気感を持っている。

「……分かった。そしたら、時間決めていいか？」

坂口の言葉に、増田の目の奥の光がまた強くなる。

「ここはいつまでも長くいるところじゃない。でも、そういう覚悟をもって入って来たら、2年以内に結果が出るヤツは出る。俺はこの3年でそれを学んできた。その2年で結果を出す。お前をプロに行かせる」

野球がやりたい。NPBに行きたい。その気持ちに嘘はない。だが、この部屋に入るまで、練習不足であることを含め「やってやるぞ！」という闘志よりも「本当にできるのか？」という不安のほうが勝っていた。

お前をプロに行かせる——。

その一言が、増田から不安をすべて消し去った。

「お願いします」

「分かった。じゃあ俺、2年間は絶対、面倒みるから」

2人が握手を交わした。

えらいことになった——。

球団代表とはいえ、現場の首脳陣には何も言わず、増田に「獲る」と言ってしまった！　面談が終わった後、坂口はあわてて島田直也（2011年は投手コーチ、2012年より監督）に電話をかけた。

「島田さん、ホントに申し訳ない。監督に確認する前に僕、選手獲っちゃった。ごめんなさい」

電話の向こうで、島田監督がいつもの笑顔を浮かべているのがわかる。

「それはもう代表なんだから、そういう枠があってもいいいじゃない。ただ、実力はちゃんと見極めますよ」

その言葉にホッとした。島田監督が言葉を続ける。

「もう大学辞めてるんだったら、練習参加は全然問題ないはずだから、1回ちょっとウチの選手たちとの練習に参加させてみようよ」

すぐに増田に連絡を取る。後日、鳴門市内のグラウンドで行われている徳島の練習に参加することになった。

車を走らせ、坂口がグラウンドに向かう。実力も見ていないのに「獲る」と言ってしまったことの引け目がある。

グラウンドに着いたのは、全体練習が終わり、個別の自主練習がそろそろ終わろうとしていたところだった。ほかの選手たちと一緒になって、増田が森山一人コーチ（元・近鉄ほか）の打つノックを受けている。かなり息が上がっているようだが、なんとかこなしていた。

坂口はノックを終えた森山コーチに恐る恐る近寄り、尋ねてみた。

「増田、どうスかねえ？」

「代表、これはすごいです。東より上です」

この2013年秋のドラフトにおいて、徳島の遊撃手だった東弘明（八日市南高）がオリックスから育成1巡目で指名されている。

「入団時ってことで比べたら、東より上です」

森山コーチの選手を見る目には、全幅の信頼を置いている。その森山が「こいつ、いけますよ」と言ってくれた。坂口にとっても大きな挑戦となる、2年間が始まろうとしていた。

バットを振れなかった理由

2014年シーズンが始まり、二番・二塁手としてレギュラーに定着し始めると、他球団の監督、コーチからも増田を評価する声が聞こえ始めている。

「バットコントロールがうまいよねぇ」

「あれ、体ができてきたら面白いんじゃないか？」

だが、増田自身のなかではまったく満足なプレーができていなかった。ブランクの影響が大きく、まったく打てそうな気がしない。守備においても体が動いていない。

「俺なんてこんなもんなのかな？　やっぱりこんなもんか。NPBなんて、もう無理だ……」

2013年シーズンを最後に、森山コーチと長内孝コーチ（元・広島ほか）が退団し、森山コーチは愛媛でコーチを務めることになった。徳島には中島輝士コーチ（元・日本ハムほか）と武藤孝司コーチ（元・近鉄）が新たに就任している。

武藤をコーチとして招聘することを決めたとき、そのパイプ役となったのは、実は森山だった。かつて近鉄の遊撃手としてならした武藤に坂口代表は、守備面の強化を期待している。そこには増田のさらなるレベルアップも当然含まれていた。

「森山が『これはいけます』って言ってた選手だし、ポジションもショート、セカンドだから、ぜひよろしくお願いします」

ある試合で、増田が簡単なゴロを捕球ミスしたことがあった。

「もっと1球の大事さ、1球の怖さを知れ！」

試合後のミーティングで、武藤コーチからそう叱咤を受けた。

その1球に仕事が、お金がかかっている。もうアマチュアではない。ここで学ぶのはプロとして戦うための何たるかだ。それを考えながら守備をすると、いつの間にか納得のいくプレーができ始めた。

増田が再び野球を始めたことを知り、球場に通い始めた男がいた。小松島高校時代の中西コーチだ。スタンドから見ていて気になっていることがある。増田のバットが振れていないのだ。

中西の指摘は図星だった。

増田が思い切りバットを振れない理由。それは「バットを折りたくないから」だった。

アイランドリーガーとなってから、増田が最もキツいと感じていたのは金銭面だ。バットを1本折るたびに、1万数千円が消えていく。それを考えないようにしても、痛いものは痛い。なるべくなら折りたくないと思う気持ちが、いつしかバットを振れなくさせていた。

「バットなんか、何本でも折っていいから。もっと思い切っていかんとあかん。ゲームメークできる力があるんだから、もっと自分らしさを出せ！」

そうだな。折っても仕方がないよな。割り切って打席に入ると、徐々にバットが走り始めた。

「詰まってもOK。しっかり振ろう」

味方投手に負担をかけないよう、守備でリズムを作る。バッティングならしぶとく粘って、相手に嫌がられるようなバッティングをする。そういうところを出していこう。器用で技術があって、数字も残せる。そういう選手になりたい――。

打率が上向き始めると同時に、自信もつき始めていた。

島田監督自身、野手をNPBに送り込むことを目標として掲げている。武藤コーチと連携しつつ、増田を上に押し上げられるレベルにまで育てたいという明確な意図があった。

体は小さいが、身体能力は非常に高い。それゆえに、二遊間へのゴロに対して体の正面で捕らず、バックハンドで捕って、一塁へのジャンピングスローでアウトにしてしまう。アクロバティックな反面、軽率に見えるところがあった。

「基本に忠実に行こうよ」

「回り込んで、真正面で捕れるってところを見せようよ」

守備において、武藤コーチは確実性を求めた。打撃でも同じである。ヤマを張って一発を狙うような打撃ではなく、きっちり走者を進められる。ヒットエンドランを決められる。より実戦で生きる打撃をするような指導に努めている。

二塁手としての守備で、よく言われる欠点があった。

「腰が高い」

島田監督の目には腰が高い分、エラーすると雑に映ってしまう。だが、深く腰を落とし、基本に忠実な守備を心がけようとするなかで、増田のなかに「これは自分本来の守備じゃない」という違和感が生まれてきた。

「あのエラーは納得だな。自分の捕り方だったら捕れてた」

たとえミスをしても「この姿勢じゃしょうがない」と思うようなプレーが増え始めている。感じていたのは、自分自身のプレーがなくなりかけていることだった。「自分の色」が消えてしまっている。

「ああ、俺は姿勢をあんまり低くしすぎないほうが、タイミングよく捕れて、あとのステップにもつながってるのに……」

プレーヤーとしての強烈な自我が、己のスタイルを変えられることを拒否し始めている。導き出した折衷案は、「腰が高い」と言われていたころの捕球姿勢に戻しながら、より「1球の大切さ」を意識していくことだった。

「このほうが、もっと自分が出せるような気がするな」

2015年、増田にとって2年目のシーズンが始まろうとしていた。坂口が「NPBに行かせる」と約束した2年目のスタートを前に、増田の周りを取り巻く状況は、大きく変わろうとしている。

「今年で野球を辞めます」

嫌いになりかけていた野球を、もう一度やり始めた理由は様々ある。そのなかの1つに「家族を元気づけたい」があったのも事実だ。家族はみんな、増田がプレーする姿を見にいくのが好きだった。大学を辞めてからというもの、両親から「大輝の応援ができなくなって、祖父母の元気がない」と聞かされている。中学生の弟、将馬にも言われた。

「毎日がもう、全然楽しくないわ」

もう1回、おじいちゃん、おばあちゃんを元気づけてあげたい――。

再始動するために、最も大きかったモチベーションの源は、そこにあった。

2015年、2年目のシーズン開幕前の2月、ちょうど徳島に入団するころ付き合い始めた優香さんと入籍した。

いま、家族を持つということがどういうことを意味するのか。頭では分かっているつもりだ。この1年が本当の勝負の年となるだろう。シーズンインを前に、両親の前で頭を下げた。返って来たのは、想像していた通りの厳しい声だった。

「そんな状況で結婚して。もし子どもでもできたりしたら、育てられないよ！」

「今年1年、死に物狂いで勝負するので応援してください」

もう、自分の夢だけを追っていい状況ではなくなっている。なんとかこの1年間、NPBを目指して勝負することの了解だけは得た。

「もしこれでダメだったら、野球ができなくなるかもしれない。それだったらやるだけやって、後悔せずに終わりたい」

それがこの1年間に臨む前の純粋な気持ちだ。だが、もしも自分にチャンスがあるのなら、NPBに行く夢をかなえて、家族にメシを食わせるようになりたい。

自分の感覚を大事にするようになってから、守備の自信は一段と増している。遊撃手の松嶋亮太（大分大）と組む二遊間コンビが見せる守備は、特に「球際」に強かった。一二塁間、二遊間への打球を外野に抜かせず、追いついて一塁でアウトにしてしまう。

「さばけるなって自信がすごくあって。球際の強さはすごく、自分のなかでも光ってましたね」

1年目の成績は打率・263、26打点、1本塁打、11盗塁。22犠打はリーグ1位の数字だった。2年目の課題となったのは、打撃である。守備とは打って変わって、大きな焦りを感じている。もっと打撃が良くなれば、いまのようにプレッシャーを感じることなくプレーできるのだろう。1試合で3安打を打ったとしても、次の日に打てなければ数字は下がってしまう。毎試合、毎試合、1安打を打つことを目標にしているが、やはり難しい。

この2015年、徳島は体制が変わっている。島田直也監督に代わり、中島輝士コーチが監督を務めることになった。武藤コーチはそのままに、徳島出身の牛田成樹コーチ（元・横浜）が投手を指導する。

シーズン序盤、増田の打率は1割台と低迷を続けたまま、一向に調子が上がってこない。

「ヤバイな……。打てる気がしない」

そう言って苦しんでいる増田を見かねて、中島監督はいくつかアドバイスを送っている。

「こうやって打ってみろ」

「あ、なるほど……」

少しコツをつかんだ気がする。調子はゆっくりと上がり始めた。

四国リーグはこの年、初の北米遠征を行っている。前期リーグ戦終了後の6月7日に成田を出発し、7月1日に帰国するまで、アメリカ、カナダを転戦しながら北米独立リーグ「キャンナム・リーグ」と公式戦17試合を行う1カ月間の武者修行だ。

選抜チームの監督を務めるのは、台湾での監督経験もある中島監督だ。5月29日、発表された選抜メンバー29人のなかに、増田の名前もあった。

北米遠征では、野手としては最多となる15試合に出場している。独立リーグとはいえ、肌で感じる本場のベースボールから学ぶものも多い。特に打撃について気づいたことがある。

「向こうのバッターはボール球を振らないんです。それは守ってる身からしても、すごく嫌だなってあらためて思ったし。ピッチャーの球が動くので、どれだけ自分のポイントまでガマンして呼び込んで、どう力を入れてジャストミートできるか？　っていうのは、試行錯誤しました。自分のなかで勉強になりました」

北米遠征に出ていた6月、そして帰国後にNPB2軍などと交流戦を行った7月は打撃も好調だった。徳島がオリックス2軍と対戦し、9対7で勝利した交流戦（7月14日、ほっともっとフィールド神戸）では、3安打1打点と結果を残している。

8月1日から後期リーグ戦が始まる。NPBにアピールできる最後の3カ月であると同時に、増田にとっては特別な3カ月である。

7月のある日、練習が終わったときのことだ。帰ろうとしていた中島監督のところに増田がやってきた。

「ん？　どした？」

「今年で辞めます」

「おい、ちょっと待て！」

突然の告白に、慌てたときのことを中島監督が述懐する。

「『辞める』って言ってきたからね。『監督、もう今年で……』って言うから、『なんだ。子どもでもできたんか？』って冗談で言ったら『はい』って言うからさあ」

9月に長男が生まれる。両親の話していた心配が、現実の問題としてのしかかってきている。

ドラフトの結果ですべて決まる。指名されなかったら、もう野球は辞めよう。増田の決意は揺るがなかった。

打率・209のドラフト候補

坂口にとっても、約束の2年間が終わろうとしている。

2年間、増田を見てきて確信したことがある。独自の確固たる世界観を持っている選手だ。すべて数字で判断されてしまうのがプロ野球の世界だが、増田は単純に数字だけでは判断できない価値を持っている。

「大輝さあ、こうしようぜ。香川の生山（生山裕人／元・ロッテ）なんか・221で行ってるし、高知の角中（勝也／ロッテ）だって・253だよ。いっそのことお前、打率1割台で初めてNPBに行った選手になれよ」

「いやいやいや！　プライド的にはだいぶ違いますよ！」

笑って受け流せるだけの強い精神力があることを知っているからこそ、坂口もそんな冗談が言えるのであって、気持ちの弱い選手なら、あっという間に自信を喪失してしまうだろう。

坂口が事あるごとに首脳陣と話し合っていた増田の育成方針において、「打率を上げるためにバントヒットを狙うようなことはさせない」と決めていた。もちろん本人も、そんなことをしようとは考えていない。

2年目のシーズンが終わった。成績は67試合に出場し、打率・209、14打点、1本塁打、18盗塁。41得点はリーグトップの成績である。坂口が言う。

「その41得点っていうのを見ても分かるように。要はね、1つ1つのランニングとかを、いいかげんにやらないわけですよ。確かに波はある。バッティングの好不調はあるんだけど、それを走塁に引きずったり、ボーンヘッドをしたりってことは一度もなかった」

いいものを持っているのにスカウトに評価されない選手の特徴として、集中力のなさやミスが多いことなどが挙げられる。精神面の弱さもそうだ。ミスを引きずらない。すぐに切り替えて次に行ける。それらはNPBに進む選手に必要な、大切な資質である。

増田には、ここぞ！という場面での集中力や、ここしかない！というところでチャンスをものにする力があった。それらはシーズンを通した数字だけを見ても、なかなか見えてこない部分だ。

しかし、当の本人は自分の成績に全く納得していない。今年限りで野球を辞めることが、本当に現実味を帯びてきている。

中島監督は、現役を上がろうとしている増田の決断をまだ認めていない。

「もう1年やれ！なんとかチャンスはあるから。もう1年やったら確実に行けるから」

そう言って、決心を覆すよう言い聞かせていた。

なぜ、野球を辞めようとする増田のことを、そこまで止めようとしたのか？それはかつて、スカウトを経験していた中島監督の勘だった。

「やっぱりね、なんか持ってるものがあるんだよ。あいつね、くせ者じゃないけど、すごくしたたかなんだよ。元木（大介／元・巨人）じゃないけど、『ここぞ！』っていうときに、なんかやってくれそうな雰囲気はあるしね」

シーズン終了後、みやざきフェニックス・リーグに参戦する選抜メンバーに選ばれている。コンディションは良くない。宮崎に入ってから胃腸炎を発症していた。治ってからの調子は悪くなかったが、二塁手として出場した対巨人戦で大きなミスがあった。

ボテボテのゴロにダッシュする。打者走者の足が速い！　間に合わないと判断し、ランニングスローで一塁へ送球しようとして慌てた。守備力の高さを見せたかったところで、逆に悪送球する姿をさらしてしまった。

「うわ！　やらかした！」

首脳陣から巨人が自分のことを注目してくれていると聞いていた。だからアピールしたかった。巨人はなくなったな……。そう思っている。

10月22日、ドラフト会議の行方を見守るため、大型商業施設・ゆめタウン徳島に向かう足取りは重かった。前日にも地元テレビ局からの取材を受けている。

「いかがですか？　自信のほどは？」

「……ダメですね。今年はないと思います」

向けられたマイクに向かって、素直にそう答えた。

結局、納得のいくアピールなんてできなかった。ＮＰＢからの調査書は3球団から届いている。だが、指名される自信などまったくない。

「もう絶対ないだろうと思って。そう思ってたほうが、もしも選ばれなかったときに自分で納得できるっていうか。その辛い気持ちがすごく少ないはずなんですよね。もしかかれば、そのうれしさは倍になるだろうし、かからなかったときの辛さは少なくなると思うんですよ」

期待するのとは逆の方向に、自分の気持ちを最低ラインまで落とした。

「ゆめタウンになんて、行きたくない」

「自分の指名は、ない」

きょう1日、そんなセリフばかりを繰り返している。

ドラフト会議が進んでいくなかで、徐々に気持ちの整理はついてきた。調査書を送ってくれた3球団が指名する選手を気にしながら、目の前のテレビの画面を見つめている。

育成ドラフト会議が始まり、ロッテが1巡目に香川の二塁手、大木貴将（日大中退）を指名する。中島監督から「ロッテは気にしてくれてるから……」と聞いていた。同じ内野手、同じ二塁手である大木が指名されたことで確信した。

「ああ、ないな……」

育成ドラフト会議には7球団しか出席していない。次に指名する球団は巨人だった。

「増田大輝。22歳。内野手。徳島インディゴソックス」

「……ウソだろ？」

自分の名前が画面に映し出されるのを見て、鳥肌が立った。

「巨人？　俺が？」

喜びが爆発する。育成ドラフトはまだ続く。中日から育成2巡目で、投手の吉田嵩（長崎・海星高）が指名され、徳島からは2人がNPBの扉を開けた。四国リーグ全体では6人が指名される豊作の年となった。

ゆめタウン徳島の1階セントラルコートに続くエスカレーターを、増田と吉田が降りてくる。9月に生まれた長男、陽太くんを抱いた優香さんが泣いている。その隣で義理の両親も泣いていた。自宅を出発するとき、優香さんに告げていた言葉がある。

「俺が現れなかったら、もうちゃっちゃと帰ってくれ。もしかしたら俺、控室で崩れてるかもしれへん。だから、声かけずに帰って……」

投手と比べ、野手が指名を受けることがどれだけ難しいことか。それが分かっているからこそ、妻にはそう告げていた。

少年野球を始めたころから、プロ野球の世界が憧れだった。だが、周りからいつも言われたのは、まるで突き放すような冷たいセリフだった。

「お前なんか無理だ」

そう言われるたびに、あの嫌な思いが胸の奥に溜まっていく。

「やっぱり身長とか、体がない分、『そんな簡単に行ける世界ではないんだよ』みたいなことを、たまに耳にするわけですよ。そうはっきり言われたこともありますし。やっぱり、そんな言葉って心に残るじゃないですか。そんなん、僕は聞いてないと。でも、そういう人たちを僕は見返したいと思って。『いまに見とけよ！』と思ってやってましたけど」

高校時代、「もっと体があれば、プロに行けるかもしれないな」と思ったことがある。「僕は将来、こうなりたい」と夢を語ってもいいじゃないか。なのに周りの人は言う。

「そんな甘くないよ」

「プロに行けるなんて一握りなんだから」

そう言われ続けることに、いつも憤りを感じていた。

「だから、そう言われた気持ちを自分のなかでひっくり返して、力に代えようと思って、ずーっとノートに書いてました。うわっ！　っていう気持ちにさせてやりたくて」

書き続けていた言葉は「見返す気持ち」である。

坂口代表が言う。

「やっぱりね、監督とかコーチが『こいつをなんとしても上に行かせたい！』っていうような空気感を持ってんだよね、あいつ」

球団の戦略として、増田とマッチングするのはどの球団なのか？　見極める必要があった。先方が求めるニーズと、増田のポテンシャルから考察した結果、合うのはオリックスと巨人、この2球団ではないか？　と推理している。

「ジャイアンツのニーズからして、センターラインっていうところ。特に育成レベルからのセンターラインの強化を望んでいた。特にスペシャリティなものを持ってる守備と走塁っていうところで。足の速さっていうよりは、走塁技術ですね。ベースの踏み方とか、ソツのない動き。要は野球のルールとか全部、体に染みついてるような野球センス。それはジャイアンツに入ったら、面白いだろうなっていうところがあったので」

あいつ、そこを走っていたのか！　と思わせるような、いわば玄人好みなプレーができる。そういう部分は巨人でなら生きるはずだ。そう考えていた。

だからドラフト当日、坂口はわざわざ用意していたのだ。

「これつけて会見に臨め」

指名を受けた後、増田にそっと手渡したのは、オレンジ色に染められた、ジャイアンツのネクタイだった。

夢を諦めさせてくれる場所

「うーん、簡単に言うならば、あって良かったなって。独立リーグが、インディゴソックスがあって良かったなっていうのは、すごく思いますね。うん」

家族のために、と野球を再開し、新しい家族を養うために勝負を賭けた。徳島での2年間を終え、NPBの舞台で戦い続けて、今年で9年目になる。

「『NPBに行かないと！』っていう気持ちはすごくあって、空回りした部分はすごく多かったなとは思うんですけど。走塁とか守備の部分で、2014年より2015年のほうが、すごくレベルアップしたっていう自信はついてました」

徳島で良かった思い出は？ と尋ねると「なんやろ？ フェニックス（リーグ）があったことですかね」と答える。格上の、自分が目指している場所にいる選手たちと戦えたことが、何よりいい勉強になった。

「アイランドリーグでソフトバンクとの交流戦もありましたし、フューチャーズ戦っていうのもあったと思うんですよ。プロの方とできるっていうのが、すごく僕のなかでモチベーションになったというか。あそこに立ちたいっていう。なんて言うんだろう？ 『なりたい！』っていう気持ちがよりいっそう強くなったのは確かですね。うん」

2年間の経験が、巨人に入団してからも生きている。最も生きていると思うのはハングリー精神だ。バスで数時間をかけての長距離移動や、ナイターの翌日に行われるデーゲーム。少ない給料のなか、道具の使い方にも気を遣いながら「悔しかったら上に行きなさい」と言われ、歯を食いしばった日々がある。

「そういう『何くそ!』っていう気持ちはすごくありましたね。フェニックス・リーグとかフューチャーズとかと対戦してても、なんか悔しいという気持ちなのか、絶対なってやるっていう気持ちなのか」

家族ができてからは、プロ野球選手として家族にメシを食わせられるようになりたいという気持ちを前面に出していた。だが、それよりも深いところにあったのは、「自分に負けたくない」という強い気持ちである。

もちろん「プロなんて無理だ」と言ったヤツらを見返したい、という気持ちもモチベーションにはなった。それ以上に、自分が吐いた「絶対に見返すんだ!」という言葉に負けたくなかった。最後までやり抜かないと、自分自身が言ったことに負けてしまうと思っていた。

アイランドリーグからNPBの扉を破るには? と質問したことがある。

「そうですねえ。自分が好きな野球をやってるんだから、なんかこう楽しさをすごく前面に出して。ふざけるって言ったら違いますけど、ちょっと肩の力を抜いたりするのも大事かなと僕は思ってて」

楽しいからうまくなる。技術も修得できる。「打てるの楽しいなあ」「守れるの楽しいなあ」そう思えるから、また覚えようとする。自ら進んでやるから成長する。

「僕はそういう楽しさをすごく意識していて。あとはオンとオフはしっかりすること。みんなが練習しようが、僕はオフをとるときはとるんで。そういうところを大事にしてました。相手に合わせちゃうと自分がなくなっちゃうんで。相手が何しようが、焦らずに」

強烈な個性がぶつかり合うプロの世界で、自分自身を譲らない。そういう部分もプロ向きだったのだろう。大学時代、孤立してしまった原因は、そこにあったのかもしれない。徳島でも失いかけた自分のスタイルを取り戻したことがあった。それらはプロの世界で生きていくために必要な資質だったのだ。

「でも、インディゴで楽しくできたから、自分のプレーができたっていうのは、やっぱりあるんですよね。1回嫌いになりかけた野球なので、自分は野球が大好きっていうのを、あらためて心に思いながらやってました。やっぱり、楽しくなかったら続けられないんで。走塁1つでも、『みんなのために、俺は点を取る!』みたいな思いを大事にしてました。野球って思いやりのスポーツだと思うので」

インディゴソックスの現役選手たちに言いたいことはありますか。そう聞くと、増田は少し考えてからこう答えた。

「そうですねえ……。日ごろからの運を貯めて、もう今年で終わるんだっていう気持ちで、毎日過ごしてほしいなと思います。運って結構、大事で。僕のときはちょうど、巨人に3軍ができたタイミングも重なってすごく良かったと思うので。結局は運も重ならないと、なかなかNPBには行けないと思うんで」

もしとび職のアルバイトをやっていなければ。もしコーチがもう一度、野球に向かわせてくれなければ。もし、坂口代表が心を動かさなければ。多くの人々との縁が絡み、ようやくつながったNPBへの道だった。

「インディゴソックスはもう1回、運命を与えてくれた場所ですね。だから、坂口さんもそうですし、島田さんも、中島さんも、武藤さんも感謝してます。ホンマにインディゴがあって良かった。自分のなかで、もう最終の区切りですよね。もう、ここがダメだったら諦めがつくっていう。もう、ホンマに。いい言い方で言ったら、『夢を諦めさせてくれる場所』じゃないですか」

ここは夢を諦めるための場所なのかもしれない。だが、増田にとっては諦めかけていたプロ野球選手としての夢を取り戻し、復活させてくれた場所でもある。

テカテカの七三分けで登場したドラフト候補

２０１６年10月20日。ドラフト会議、当日。

これから指名を待つ会場となる、ゆめタウン徳島の研修室に現れた木下雄介を見て、中島監督が怒っているような笑っているような、微妙な表情をしている。

「あれは何や？」

スーツ姿なのはまあ当然として、髪の毛をきっちり七三に分け、ジェルでテッカテカに固めている。中島監督が「お前、きょうがどういう日なのか分かってんのか！」と怒鳴りそうになって辞めた。やってしまったものは仕方がない。このままで指名を待つしかない。

木下にとっては真剣……いや、それが正装だったのだ。

不動産会社で働いていたサラリーマン時代、髪型はいつもオールバックだった。散髪するのは大阪にある知り合いの店だけと決めている。フェニックス・リーグが行われている宮崎から、徳島に戻ってきた慌ただしい日々のなかで、とても散髪をするためだけに大阪に行く暇などなかったのだ。

「セットせんと行くのはなんか違うかなと思って。伸びてる状態やったんでジェル使って。ワックスやったらセットできないんで。セットしながら、こんな髪型でドラフト待ってるヤツおらんなあと思って。で、ゆめタウンに行きました（笑）」

就職活動の一環というか、木下流の誠意の見せ方というか。それは「ちゃんとして来ました！」という誠実さの表れだった。だが本音では、自分が指名されることなどまったく想像していなかった、という気持ちの表れでもある。

6月の北米遠征から帰国して以降、特に8月に入ってからの木下のピッチングに対する評価はうなぎ上りだった。しかし、自分のなかでは実感がまったくない。

「紙（調査書）来た？」

「きょう、○○（NPB球団名）見に来てたやん」

ドラフト当日が近づくにつれ、チームメートや周りから、指名を期待するような声が多くなっている。注目されてるんかなあ？　という気には少しずつなってきたが、間違いなく指名されるはずだ、などという確信めいた気持ちも自信も、まったく湧いてこない。

「ブランクがあってそんな、たった2年で簡単に行かれへんやろ……」

そう、木下には野球から離れていた3年間のブランクがあった——。

3年間のブランク

2013年秋、開幕から無傷の24連勝を達成した田中将大（楽天）の姿をテレビで見て、湧き上がってきた高揚感を覚えている。

「すげえ！　俺も、もう1回野球やりたい！」

2年前の2011年夏、生光学園高のエースとして徳島大会決勝戦まで進んだが、徳島商の前に延長13回サヨナラ負けを喫し、甲子園出場は果たせなかった。その後、8月に四国選抜のメンバーとして選ばれ、ハワイ遠征を経験している。

翌2012年に駒澤大学へ進学したが、肩を故障した。このケガをきっかけに1年で大学を中退している。その後は地元である大阪・平野区に戻り、スポーツジムのインストラクターのアルバイトで収入を得ていた。

大記録を達成した田中の姿を見て、もう一度投げたい！　という思いがよみがえってきた。だが、ケガをして以降、野球からは完全に離れており、草野球さえやっていない。やりたくても、そのためにどうするか、具体的なことを考えられないでいた。

湧き上がってきた復帰への情熱は、いつしか日々に忙殺され、冷めていった。やがて2014年春、不動産関連の会社に就職する。担当は営業だ。頭を七三に分け、スーツ姿で大阪の街を歩く。新入社員としての1年目が始まっていた。

だが、その仕事が木下に合っていないことは、家族や恋人ら、そばにいる人たちから見れば明らかだった。本来自分が進みたいと思っている方向ではないことを、家族は察知している。だから、すぐに声をかけた。

「体を動かす仕事をやってみたら？」

「野球やってみたら？」

「うん、そやなあ……」

自分自身、いまの仕事を一生の仕事にすることが想像できない。きっといつか、この会社を辞める日が来るんだろうな、と思っている。

野球を辞めてから、3度目の夏が過ぎ去ったころだ。Facebookを見ていて、徳島のユニフォーム姿で優勝の歓喜の輪のなかにいる小松島の元エース、増田大輝の姿を見つけた。

「増田、インディゴに入ってるんや！」

増田とは四国選抜として一緒にハワイ遠征に行った仲だ。自分が大学を辞めた後、増田も大学を辞めたらしいとは聞いていたが、独立リーグでプレーしていることはまったく知らなかった。四国リーグでは、高校の1学年先輩だった河田直人（愛知学院大中退）が、前年から四国リーグの高知でプレーしていると聞いている。

「あの人も『プロに近い』って言われて、まだ行けてない。厳しい世界やなあ……」

とりあえず、増田に電話をかけた。

「おう、木下。久しぶり」

「インディゴでやってんねんなあ。知らんかったわ」

「うん、今年からな……」

そんな会話があり、思い切って打ち明けた。徳島で野球がやりたい——。

「1回、トライアウト受けてみよかな?」

「いや、練習参加さしてくれるんちゃうかな? 俺が代表に話してみるわ」

「ほな、頼むわ……」

肩の痛みはきれいになくなっている。不安は多少あるが、いまはそれよりも、もう一度マウンドに登れるかもしれないという興奮と期待が抑え切れない。

やはり、あの予感は当たっていた。会社は辞めよう。もう決意は固まっている。

しばらくして、退社したい意向を上司に申し出た。別室に呼ばれ、上司2人を前にしての話し合いが始まる。

「木下、なんで辞めるん? なんで辞めたいん?」

「もう1回、野球やりたいんです」

「いやいや、もう投げられへんのとちゃうんかい」

「肩はもう、治ってます」

「そんなん言うて、ただ単にこの仕事が嫌やから、そっちに逃げてるだけなんとちゃうんか?」

「違います」

「3年近くもブランクあるヤツが、独立リーグ? 通用すると思ってんのか?」

その日「辞めたいです」と申し出てから、もう7時間もこんな状態が続いたままだ。「辞めたいです」が「辞めさせてください」になり、最後は「辞めます!」に変わった。

「プロ目指すなんて、絶対無理やからな!」

そう言われるたびに、逆に燃えるものがある。誰が何と言おうと俺は挑戦する。もう、ここに帰ってくることはない。木下の意志が変わることはなく、退社することになった。

「ナメてんのか? 俺ら草野球じゃねえんだ!」

11月4日から10日間、高知県の西部、土佐清水で「トライアウトリーグ2014」が開催される。その前年、四国リーグが海外の選手にも門戸を広げて行った「ウインター・リーグ」に続く、長期トライアウトの第2弾だ。

1日だけのテストでは、選手の実力を正しく計り切れない部分がある。長期間テストすることで体力面、技術面はもちろん、野球に対する姿勢、考え方などが見えてくる。また、参加選手たちにとっては、四国リーグ各球団の首脳陣たちから、多角的な視点でアドバイスをもらえることもメリットになる。

四国リーグを受験するのはどんな選手たちなのか？　木下は一度、見てみたいと思い、大阪の友人たちと連れ立って高知へ向かった。片道6時間はかかるロングドライブだ。

トライアウトに参加している人たちのレベルは、それほど高いようには感じられなかった。ネット裏でスピードガンをかざし、球速を計測している人がいた。後ろに回って覗いてみると、130キロほどしか出ていない。

「えっ、こんな人らが受けてるん？」

もしこのなかに自分がいれば、合格していただろうか……。飛び抜けた存在になれただろうか……。そんなことを思いながら、グラウンドを見つめていた。

12月になり、すでに予定されていたトライアウトはすべて終了している。新入団予定の選手もほぼ内定した。各球団ともに、来シーズンのチーム構成はあらかた決定していると言っていい。

そんなときだった。坂口代表のところに増田から連絡があった。

「代表、会ってほしい人がいるんです」

徳島に入団して1年目のシーズンを終え、坂口代表のなかで増田に対する信頼度は増している。球団の理念も、選手を育成するためのメソッドも、完ぺきに理解してくれている。来年はいよいよ、本腰を入れてNPBを狙わせたいと考えている。

そんな増田が「会わせたい人がいる」と言ってきた。生光学園にいた木下雄介だと言う。坂口代表は、増田の意図を推し量っている。

（あいつはあいつなりに考えているはず。ただ単純に四国選抜でチームメートだったからだとか、高校のときいい球を投げていたということではなくて、それを超えるものがあると、俺に見せたかったんじゃないだろうか……？）

増田と木下の間に信頼関係があり、増田と坂口代表との間にも信頼関係が構築されている。

「分かりました。お前が言うのなら、会いましょう」

球団事務所にやって来たのは、スーツ姿のサラリーマンにしか見えない青年だった。まるで1年前、増田を面談したあの日のようだ。

増田のときと同じように、面談のために用意された別室に移動し、2つ並べた長机を挟んで2人が向かい合って座る。見たところ、身長は高いが痩せている。腰回りの筋肉は薄く、下半身に力強さがない。野球を諦め、大学も退学した。いまは一般の社会人として働いている。そこまでは増田と同じだ。坂口代表が尋ねた。

「ブランクがあって、なんでやろうと思ったの？」

木下が答える。

「草野球で投げてみたら、全然肩に違和感がなかったんで」

それを聞いた途端、坂口代表が声を荒げた。

「……ナメてんのか？　俺ら草野球じゃねえんだ！」

(俺、言っちゃいけないこと言ったか？)

木下が焦る。激高した坂口代表は止まらない。

「高校時代、四国選抜に選ばれたかなんか知らんけど、そんなんで通用すると思ってんのか！」

「それは思ってないです」

自分を落ち着かせようとしているのだろう。ゆっくりとした口調で木下が話し始める。

「アイランドリーグが厳しいことは、増田くんからも聞いているし、分かってます。肩のことは自分のなかの問題で……。いままで、まったく投げることさえできなかったのが、投げられるようになって、投げられる喜びを思い出しました。それで、同期の増田が頑張ってるのを見て、もう一度俺もやりたい。やってやろう！　っていう気になりました」

なるほど。気持ちは分かる。

もし、チャラチャラした態度やふざけた物言いをするようなヤツなのであれば、その時点でこの話はなかった。「野球をやりたい」という気持ちが嘘じゃないことは、目つき、話し方で分かる。

あ、この目――。

まなざしがとても強い。何かを訴えかけようと、力のこもった視線がこちらに注がれている。貫くような、いまにも斬りかかってきそうな目をしている。悲壮感という意味では、増田のそれより強いかもしれない。

大輝とおんなじ目だな……。野武士だ。野武士の目だ。これは見てみたい。いや、育ててみたい。坂口代表の闘志にも火が入る。

だが、ケガによる3年間のブランクがあり、草野球レベルでようやく投げられるようになった投手に、追加のトライアウトを受けさせるわけにはいかない。少し考えて木下に告げた。

「分かった。2月1日からキャンプ（合同自主トレ）が始まる。練習参加させてやるから来い。その代わり、お前にも選手とまったく同じメニューを課すからね」

合同自主トレが開始される前日、ゆめタウン徳島セントラルコートでは、新たに入団した契約選手7人、練習生4人の計11人がファンに向けてお披露目されている。吉田嵩、福永春吾（06BULLS）、橋本球史（城西国際大）らが壇上に並ぶなか、木下の姿はない。まだ球団と契約を交わしたわけではなく、スポットで練習参加させてもらうだけの身である。

2月1日、JAバンク徳島スタジアムで行われた合同自主トレ初日、最後のメニューとなったのは、ホームベース、右翼、中堅、左翼の4カ所にパイロンを置き、その四角形の外側を5周する持久走だった。

このシーズンから指揮を執る中島監督と武藤コーチ、そして坂口代表との合言葉は、「疲れ切ってからどれだけ走れるか？　そこが勝負」だった。差が出るのはここからである。

全員が一斉に走り始める。木下のペースが上がらない。ほかの選手にまったく追いつけない。それどころか、入団したばかりの練習生が軽快に追い抜いていく。木下自身、まさか年下に置いていかれるとは思ってもみなかった。

「あんな……高校出たばっかりのヤツに？　マジか……」

ここまで体力がなくなっていることがショックだった。3周目に入り、すでにスピードは歩いているのと同じくらいにまで落ちている。

「……こんな、しんどいのに……いけるんかな？」

元高校四国代表のプライドなどかけらもない。息が上がるなか、気持ちはどんどん弱くなっている。その姿は、坂口代表が想像していた通りだった。

「案の定だな。案の定、死にそうになってる」

走っている木下に近寄り、声をかける。

「おーい、大丈夫かー？」

「いけるのか？」

「まだやるか？」

苦悶の表情を浮かべながら一歩一歩、前に進む。苦しい呼吸と呼吸の合間に短く答える。

「やります……。大丈夫です……」

目が死んでいない。あの野武士の目をしている――。

5周目を走り終えたとき、坂口は木下を受け入れることを決めていた。

1カ月間の合同自主トレが終わり、3月2日から徳島は、県南の海陽町まぜのおかにある蛇王球場で春季キャンプに入った。8日までの1週間、開幕ダッシュに向けて実戦練習を中心にチームを作り上げていく。

坂口代表も車を飛ばし、蛇王球場を訪れていた。チームの状態を確認することももちろん楽しみだったが、それ以上に心を躍らせていた理由は、初めてブルペンに入る木下の投球練習を見られるからだった。

中島監督、そして新たに投手コーチに就任した牛田コーチとともに、屋根付きのブルペンに入った木下に視線を送る。防球ネット越しに見るマウンドでの立ち姿が美しい。投げる姿を見て、さらにほれぼれした。球速はまだ、そこまで速くはない。だが、ボールの回転がきれいだった。

この日、坂口代表は木下に直接告げている。

「2年で絶対に、お前を上に行かせる」

投手としての人生が、プロ野球選手としての人生が動き始めていた。

最速128キロの初登板

投手と野手の違いはある。

それにしても、増田と木下が一緒にいるところを見たことがない。仲良く2人が言葉を交わしているような様子もない。かつて高校四国代表でチームメートだったことなど、匂わせもしない。2人のそういうところも、坂口代表はとても気に入っていた。

「増田のことは信じてたけど、やっぱりそういうつながりがある分、群れるんじゃないか？　と思っていたんですよ。あいつらは性格的に、群れたらダメになるタイプなんです。だけど、やっぱり違った。お互い適度な距離感を保ちながらやってる」

チームメートと仲良くはするが、群れることがない。2人ともひょうひょうとしていながら、決してチームの輪を乱すようなことはしない。お互い自分のことだけに向き合っている。

当初、木下の選手登録は5月を予定していたが、1週間早まり4月23日に登録された。初登板は4月24日、ホームゲーム、対愛媛前期4回戦（JAバンク徳島スタジアム）での中継ぎ登板である。

球速は128キロを出すのがやっとだった。

「やっぱり、ここまで落ちるんやな。この後、上がっていくんかなあ？」

仕方ないと思いながらも、心のなかには不安しかない。

28、29日、福岡に遠征して行われた対ソフトバンク3軍3、4回戦（雁ノ巣球場）でも登板している。5月に入り、坂口代表は徳島を訪れた中日・音重鎮スカウト（現・チーフスカウト）に木下を紹介した。

「こいつが木下雄介です。今年の2月から、体動かし始めたヤツなんですよ」

その日は、あえてスタンドから観戦した。キャンプで見た立ち姿の美しさに、どこか荒々しさが加わり始めている。

「背番号18が、最高に似合ってんな……」

これは行ける。行かせなきゃいけない──。そう確信した。

5月以降、急激なペースで球速が上がり始めている。練習を再開して3カ月、スピードガンの表示は140キロを超え始めた。あれから3年が経っているとはいえ、一度は肩を壊して野球を諦めた身だ。坂口代表が首脳陣に問いかける。

「こんな急加速して、大丈夫なんですか？」

「分かりました。無理をきたさない範囲でやらせましょう」

坂口代表、中島監督、牛田コーチの３人は、最大限の注意を払いながら木下を育成している。前期終了後、６月に行われる北米遠征の選抜メンバーは、ＮＰＢを狙えるメンバーだ。上に行かせるためにアメリカ、カナダで経験を積ませたい。そこに主眼を置いて選んでいる。

木下を北米遠征に連れていきたい。坂口代表は、選抜メンバーに木下の名前を入れていた。だが、前期終盤、肘に痛みが出始めた。どうやら疲れが溜まり始めているらしい。

「木下は、来年だな……」

メンバー選考の最後の最後、ギリギリのタイミングで木下とほかの選手とが入れ替えられた。心配するようなトラブルではない。痛みは少し休めば取れる程度のものだ。

「肩の痛みはほぼなくて。たまに出ても、強い張りがあるぐらいで。結構、調子は上がったり落ちたりしてたので、そこはムリせずみたいな感じで」

１年目を終え、成績は15試合に登板し、１勝０敗。防御率５・12（投球回19回３分の１）だった。不安ばかりのなかでマウンドに登っている。とても「ＮＰＢに行く！」「行ける！」そんな気持ちは湧いてこなかった。

ケガはもう、完全に克服していた。高校時代から診てもらっている整形外科の医師のところへ足を運ぶと、医師は言った。

「もう大丈夫」

オフの時間にYouTubeをよく見る。タレントの武井壮がインタビューを受けている動画を見ていて、こんな話を耳にした。

「あの人、陸上でケガして、それで勉強して。『ここの筋肉をこうすれば治るんや』っていうのを頭の中で想像して、自分に言い聞かせたら治った！　みたいな。ケガとか痛みとかって、メンタルも関係してるらしくて。ちょっと痛いと感じたら、すぐそのケガした場所に言い聞かすらしいんですよ」

ケガを早く治すのに、大事なのは気持ち――。そう考えて実践していると、1年目は大きな痛みは出なかった。

2年目、2016年。1年前とはまったく違う木下がそこにいる。覚醒した姿を見せるのはこの年の8月、北米遠征を終えた後のことだった。

秋のフェニックス・リーグが「査定試合」に

1年目のシーズンが終わったとき、翌シーズンに向けて誓った目標がある。

「来年はしっかり、とにかく練習生に落ちずに1年間、選手として過ごす。ケガもなく、離脱は絶対しない」

そんなことを考えながら、冬場のトレーニングに取り組んでいた。

2年目の前期を終えて、成績は決して芳しいものではない。8試合に登板し、0勝2敗。防御率は6・75（投球回10回3分の2）。6つの奪三振、与四球は7と1つ上回っている。

だが、2年連続で行われた北米遠征のメンバーに、木下は選ばれた。この年の1月、坂口代表は四国リーグの事務局長を兼任することになった。このなかからNPBに上がる選手を育てるのだ、という強固な意志がある。

「勝ち負けとか、数字だけじゃなくて、上に行けるか行けないかって部分が最大の目的なわけですよ。それだけ真剣に選んでいる。1カ月間の代表チームでの生活が変化を生む。生める選手は生むんです。だけど生めない選手は『北米遠征であれだけやったから、後期は全然ダメだった』とか言うんです。違うだろ。結果を見ろと。去年ドラフト指名されたのは全員、北米遠征組ですよって。あれを乗り越えられた奴だけが、ドラフト指名を受けられるんですよ。それを本当に実証してくれてる」

ほかの独立リーグがやっていない、大胆な方法で選手を育成する。そして結果を出す。

「これが、アイランドリーグのやり方です」

第2回北米遠征に選ばれた28人（投手13人、捕手3人、内野手6人、外野手6人）は、いずれもその年の四国リーグを代表する選手たちだ。木下は自分がまさかメンバー入りするとは思っていなかった。前年も最後の最後まで代表メンバー候補だったことは知らない。

アメリカ、カナダの独立リーグと公式戦で対戦する経験はもちろんだが、代表チームとして行動する1カ月間にもヒントが転がっている。

木下が見ていたのは、5年目のシーズンに挑んでおり、この年9勝を挙げて最多勝とベストナインを受賞することになる高知のエース、松本英明（関西メディカルスポーツ学院）の練習する様子だった。キャッチボールをする姿に気づいたことがある。

「遠投しているのに、体に全然力が入っていない……。ボールの重みを感じて投げているんだなあ」

この感覚を意識してみよう。

マウンドで力が入り過ぎてしまい、制球が乱れることを大きな課題として抱えていた。これは「力の入れ方」のヒントになるかもしれない。

北米遠征から帰国後、徳島はオリックス2軍と交流戦を行っている（7月29日、神戸総合運動公園サブ球場）。木下は8回に登板したが、ストレートを打ち込まれ1失点した。試合後、中島監督から叱咤を受けている。

「真っすぐが速いピッチャーなんか、なんぼでもおる。投球術にもっと興味を持てよ」

もっと力を抜いていい。目いっぱい投げるのではなく、ちょっとだけ力を抜けば、コントロールもまとまる。

「ただ力を抜くだけじゃなくて、高知のヒデさんの意識。ボールの質は変えずに……」

明らかにピッチングが変わり始めたのは、後期リーグ戦が始まってすぐである。チームが6連勝（8月18日～25日）して最下位から一気に同率首位に順位を上げるなか、木下はクローザーとして勝利に大きく貢献していた。

「試合の最後を任されて、とにかく最後をゼロで抑える。いまはいい感じに結果が残ってると思います。前期は2イニング目が課題だったんですけど、1イニング目の集中が、2イニング目もできている」

最高球速が150キロまで上がっている。ボールが嫌な抜け方をしなくなったことに手応えを感じていた。やはり一番の武器になるのはストレートだ。ストレートが良くないと、ほかのボールが生きてこない。押せるところはどんどんストレートで押していきたい。

「いまはストレートで押せるピッチャーが理想っス」

練習への取り組み方も変わってきた。体力がつき、土台作りが終わったことで、技術面をしっかり磨けるようになった。1年目に比べると、2年目のほうが練習に対して自分の気持ちが込められている。

ストレートで押していくピッチングに加えて、1つ確実に空振りが奪える変化球を身に付けたい。そうすれば、もっと投球の幅が広がる。スライダーかフォークボール。どちらかの精度を上げて、ウイニングショットにできるように。明確な目標を前に、ブルペンで試行錯誤していた。

8月の終わり、ドラフトのことなんて気にしていない。

「とにかく、いま調子いいので。好不調の波をなくす。調子悪くならないように、普段の生活から気をつけて。ドラフトどうのこうのより、目の前の1戦1戦を戦うことを考えたい。時間があればストレッチしたり」

話題がサラリーマン時代の話になったときだ。こんなことを話している。

「いまのほうが人生楽しいです。好きな野球をやりながら、それでお金がもらえるのが。たとえ少ない給料でも、サラリーマンのほうが給料は高いですけど、全然こっちのほうが（笑）」

9月16日に後期リーグ戦が終了し、徳島は14勝14敗6分けと、勝率を5割に乗せながら最下位に終わった。年間勝率2位球団となり、前後期優勝の愛媛とチャンピオンシップを争ったが、0勝3敗（アドバンテージの1勝を含む）で敗れ、年間王者には届かなかった。

後期終盤以降も木下は好調を維持している。スピードよりも球の質を求めたい。力を入れ過ぎずに、今年の夏つかんだ感覚を生かし、140キロ台前半のボールでもうまく抑えることができている。

選抜メンバーに選ばれて臨んだみやざきフェニックス・リーグ（10月3日〜24日）では、自己最速を出すつもりで宮崎に乗り込んでいる。

第1クール（10月3日〜6日）の4試合が終わり、当初は練習日だった7日に急きょ中日との練習試合が組まれた。フェニックス・リーグにおいて四国リーグ選抜チームは、ウエスタン・リーグの球団として扱われているため、イースタン・リーグの球団とは対戦しない。10月7日、アイビースタジアムで行われるこの対中日戦は、木下にとってドラフトに向けての「査定試合」と言っても良かった。

宮崎に来て、これが3度目のマウンドになる。登板したのは5回裏からだった。選抜チームの監督を務める西田真二監督（香川）からは、担当するイニングの数を聞かされていない。

先頭打者からストレートで三振を奪った。1人を四球で歩かせたが、後続を打ち取る。1イニングを投げ無失点。納得のいくピッチングは見せられたと思っている。何より持ち味であるストレートで押せたことは自信になった。試合は0対0のまま、引き分けに終わった。

「シーズン中は勝ち負けがあったので緊張感がありましたけど、ここではなかったので何も緊張してなかったです。自分の投球をして、それを評価してくれればいいなと思っていたので。ここで見せようとか、力みはなかったです。自分でも冷静にできたと思います」

試合後、西田監督から褒められた。

「きょうのピッチャーのなかで一番良かった。ドラゴンズも評価してくれとるから、こういうピッチングを続けろ」

だが、この日の1イニングで印象に残ったことがあった。フルカウントからスライダーを見逃され、四球を与えてしまった場面だ。完全に外れたボールではなく、狙い通りのコースに投げ込んだ1球に、相手の打者は手を出さなかった。

「僕の中では『決まった！』っていうボールだったんで。そこを振って来ないプロの厳しさを味わいましたし、アイランドリーグではなかなか見ない。フォアボールを勝ち取ったバッターが『よし！』っていうのを表に出すんですよ。これだけ必死なんや！　っていうのを感じました。相当な覚悟が入らないとプロは通用しないなって思いました」

フェニックス・リーグで得たものも、決して小さくない。その試合から1週間が過ぎた10月20日、木下は中日から育成ドラフト1巡目で指名された。

諦めなければ望みはかなう

ドラフト会議が終わった翌日、長いインタビューを行っている。指名を受けた選手に、最後に必ず尋ねる質問がある。「アイランドリーグからＮＰＢの扉をこじ開けるために、何をすべきか？　あなたはどうすれば、その扉を開けられると思うか？」という質問だ。

木下の考えるＮＰＢへ行くための方法は、こうだった。

「自分、自分だけにならずに、チームのためにやれば結果もついてくるし、それなりの評価が得られると思います」

独立リーグには、チームの勝ちよりも自分がＮＰＢに行くんだ！　という気持ちの選手のほうが多いと感じている。だが、野球はチームスポーツだ。自分だけが良くても、勝ちがついてこない投手は評価されない。勝ってなんぼ。勝利に向かってどれだけ必死にできるのか？　が重要になる。

「自分が、自分がってなってると、ピッチャーがいいときに野手がエラーしたら、『はあ？』みたいに思うヤツが多いと思うんですよ。でも、チームのためにって思ったら、そこをカバーしようって気持ちになると思うんで、そういう気持ちが大事なのかなと思います」

そして、絶対に諦めない気持ち。自分自身、環境を変えたことでＮＰＢへのチケットをつかみ取ったという自負がある。

「僕も1回は諦めたので。でも、もう1回やり始めて、こうやって結果として、またついてきてくれた。最後まで諦めなければ、望みはかなうんだなあというのは実感しました」

お前がプロ行くなんて、絶対無理やから——。

そう言った、かつての上司を見返したいと再び投げ始めた。だが、いまは堂々と「お世話になりました」と言える。

「『おかげさまで、中日に決まりました』ぐらい言いに行ってもええんちゃう?」

「それもちょっと考えたりしたんですけど(笑)」

そんなことをわざわざ言いに行かなくても、本当にプロ野球選手になったことは伝わっていたことだろう。

木下と最後に会ったのは、2020年12月17日である。

その日、JAバンク徳島スタジアムでは、徳島の選手たちが自主練習を行っており、NPBでシーズンを終えた増田、平間隼人(元・巨人)、岸潤一郎(西武)らOBたちの姿もあった。

そこに黒いダウンジャケット、サングラス、マスク姿で現れた。

「久し振りです」

「木下!」

「いま、大阪から着きました」

そばには家族の姿もある。関係者らと少し言葉を交わした後、きょうはこのまま球場を離れるという。

「これから高校（母校・生光学園）に、あいさつに行ってきます」

「来年も頑張れよ！」

一塁側のダッグアウトから、外へとつながる通路に向かう後ろ姿に声をかけると、軽く振り返って笑顔を見せた。

NPBの大舞台で投げる姿をまだまだ見たかった。

2021年3月21日、日本ハムと対戦したオープン戦（バンテリンドームナゴヤ）は、開幕前最後のオープン戦だった。マウンドに登った8回表、投げ終わった後、突然膝を着いて倒れた。

右肩の脱臼だった。そのまま担架に乗せられている。肩を抑えてもがき苦しんでいる姿を見て、こう思ったファン、関係者は少なくないはずだ。

「木下にまだこんな残酷な試練を与えるのか！」

その後、手術をして復帰を目指そうとしていた。しかし、リハビリ中だった2021年7月6日、ナゴヤ球場でのトレーニングの途中、突然心肺停止の状態に陥る。意識が回復することはなく、8月3日に亡くなった。27歳だった。倒れる1週間前、新型コロナワクチンを接種していたという情報が発表されているが、事故との因果関係は分かっていない。

木下は逃げ出さなかった。3年間のブランクを乗り越えて、徳島からNPBへと羽ばたいたように、もう一度、大きすぎる試練を乗り越え、最後の最後までマウンドに戻ろうとしていた。

満塁で敬遠された「打率2位」の男

四国アイランドリーグPlus20年間の歴史のなかで、語り草になっている試合がいくつかある。その1つが2011年9月23日、松山・坊っちゃんスタジアムで行われた最終戦、愛媛対徳島後期8回戦だ。優勝争いとタイトル争いの狭間で、ある事件が起きた。

午後6時プレーボールとなった同時刻、三重・津球場では2位・徳島に0・5差をつけて首位を走る香川と、5位・三重との後期最終戦が行われていた。

香川が三重に勝てば、自力での後期優勝が決まり、前期優勝している徳島との間で年間王者を決定するリーグチャンピオンシップへの出場が決まる。しかし、もし香川が敗れ、徳島が愛媛に勝った場合、徳島は前後期優勝となるため、リーグチャンピオンシップで徳島と対戦するのは、年間2位が確定している愛媛となる。

つまり、愛媛にとっては徳島に勝利した瞬間、自分たちのリーグチャンピオンシップ出場がなくなるという複雑な状況となってしまった。

さらにこの試合で決定するのは、後期優勝だけではなかった。現在、首位打者の位置にいる愛媛・古卿大知（中山製鋼野球クラブ）の打率は・372。それを徳島のルーキー、松嶋亮太（大分大）が・367で追う。5厘差でタイトルを争う2人に大きな注目が集まった。

愛媛は古卿を先発メンバーから外し、松嶋の結果を待つ。徳島は松嶋を一番に起用し、打席数を増やす作戦に出た。初回の第1打席、松嶋が中前打を放ち、打率を・370まで上げる。ここから愛媛ベンチは松嶋に対し、2打席目以降の勝負を避け、敬遠四球を与え続けた。

10対4と愛媛がリードして迎えた8回表、徳島の攻撃。一死満塁の場面で回ってきた5度目の打席でも敬遠四球を与える徹底ぶりに、坊っちゃんスタジアムが不穏な空気に包まれる。

「勝負せんかーっ！」

「ほんなタイトルが欲しいんか！」

徳島を応援する三塁側スタンドから怒号が飛ぶ。松嶋は一塁ベース上から、三塁側ダッグアウトを見ている。

「連続敬遠されるたびに、ベンチが……。僕のためにじゃないかもしれないけど、あれだけ怒ってくれてる……」

胸に熱いものがこみ上げてくる。シーズンが終盤に近付いてから打てなくなり、結果的にここまで数字を競ることになってしまった。そんな自分にも腹立たしさがあった。様々な感情が混ざり合っていた。

8回裏、古卿は代打としてこの日、初めての打席に立ったが、四球を選んだため打率に変動はない。愛媛投手陣は、誰もマウンドに行きたがらなかった。最終回、徳島の攻撃は三番からの打順だったため、トップバッターである松嶋には回って来なかった。

愛媛が松嶋に与えた敬遠四球の数は計4度。勝負を完全に避けた結果、古卿が7年目で初の首位打者に輝いている。

余談だが、仮に代打で打席に立った古卿が凡打に倒れていたとして、打率は・3702。松嶋の打率は・3697のため、5毛差で古卿の首位打者奪取は変わらなかった。

津球場では香川が3対0で三重を下し、自力で後期優勝を達成する。この結果、リーグチャンピオンシップは前期王者徳島と後期王者香川との間で争われることになり、愛媛の2011年シーズンはここで終了している。

試合後、愛媛・星野おさむ監督（元・阪神ほか）が言った。

「100パーセント僕の責任です。当然、批判されることもある。1年間戦って来た結果として、古卿に首位打者を獲らせてやりたかった」

この試合から2年後、星野監督にこのときのことについて聞いたことがある。

「プロとして、タイトルを獲るということがどれほど大事なのか。それを教えたかったんです」

惜しくもタイトル獲得を逃した松嶋の表情は、どこか晴れ晴れとしていた。

「悔しいですけど、あっちも作戦なので。塁に出る度に愛媛の選手の方から『すまんな』と声をかけてもらって、逆に申し訳なかった。接戦になったのは、自分の弱さだと思う」

届かなかった2毛の差。松嶋は1年目にたたき出したこの・370という数字を、翌年のシーズン以降、追いかけ続けることになる。

「3年やっても25歳なんだから」

2010年9月、大分大学教育学部の卒業を翌春に控えた松嶋が、日本文理大・中村壽博監督の誘いで同大学のグラウンドに呼び出された。あるNPB球団のスカウトが、自分のプレーを見てくれるのだという。集められたのは3人。松嶋と日本文理大の選手1人。もう1人は、地元大分市にある楊志館高校の捕手であり、夏の大会を最後に引退した3年生の甲斐拓也だった。

練習が終わり、中村監督から声をかけられた。

「松嶋くんは、プロに行けなかったらどうするの?」

「一応、就職は内定してるんですけど、もしやれるんなら、上で頑張りたいと思ってます」

「そうかあ。君にはまだ野球を続けてほしいなあ。諦めないでいろいろ探したほうがいいよ」

まだ将来の選択は確定していない。スポーツジムへの就職内定はもらっている。教員採用試験を受験するという選択肢もある。しかし、そんなふうに言われて「野球で上に行きたい!」という気持ちが大きく膨らみ始めた。

国立大である大分大には、野球で次の道に進んだ先輩はおらず、自分を引き上げてもらえるような強いコネクションがない。社会人野球チームのセレクションは、とっくに締め切られている。

だが、1つだけ野球を続けられる道を見つけた。独立リーグからNPBを目指す道である。

「石毛（宏典）さんが作ったって言ってた、アレかあ……」

四国リーグの合同トライアウトを受験するまでには、まだ時間がある。父・享助が言った。

「できることはもう、全部やっとけよ。悔いを残さないようにしとけよ」

母・寿枝も背中を押した。

「まだ若いんだから、ちょっとでも興味があるならやってみれば？」

中学時代の野球部の顧問、山藤俊治先生には、卒業してからも何か迷っていることがあれば、いつも相談に乗ってもらっている。今回も快く迎え入れてくれた。

「3年やっても25歳なんだから、まだ夢を追い続けてもいいんじゃないか？」

それを聞いて、とりあえずトライアウトは受けてみよう、という気になった。だが、この合同トライアウトに合格することが、どれほど難しいのか。松嶋自身、よく分かっていない。

「独立リーグのトライアウトに合格できないんなら、プロなんて到底無理だよな……」

これでダメだったら諦めもつく。夢を追いかけるのはここまで――。そう思っていた。

結果を残してもNPBに行ける保証はない

ほかの選手たちがそう感じるように、徳島に入団した松嶋も同じ感想を抱いている。

「うわ！　マジか！　レベル高いな！」

チームメートのプレーを見て、その実力の高さに驚いた。

松嶋にとって大きな出会いもあった。この年、前年を最後に消滅した長崎から、徳島に入団した根鈴雄次（モントリオール・エクスポス3Aほか）との出会いである。

アメリカ、カナダ、メキシコ、オランダと世界を渡り歩いただけでなく、イチローよりも先に日本人野手として、初めてメジャー昇格する可能性のあったスラッガーだ。その打撃技術を目の前で見て、素直にすごいと思った。気が付けば、一緒に練習することが多くなっていた。

「根鈴さんにどういうところが欠点で、どういうふうにしたらいいのか？　っていうのを言ってもらって。僕はもう、ただひたすらそれをやってた感じです」

七番・遊撃手としてスタメン出場を重ねる。4月は月間打率・441を残し、いきなり月間MVPを受賞している。

「監督さんとかコーチの方とか先輩とか、いろいろな人に指導を仰いでいるので、その人たちのおかげで獲れたという感謝の気持ちがありますね」

試合前になると、ダッグアウトの前にティースタンドを立てる。外角低目ギリギリのポイントに合わせてバットを振る。それが試合前のルーティンワークだった。

「自分のおまじないでもあるというか。根鈴さんから『そこのゾーンをしっかり打てれば、あとはどうにでも対処できる。振り方の確認をしておけば大丈夫だから』と言われていて。やれば安心もするし、『やったんだ！』って自信を持って打席に臨めますから」

念願だった前期リーグ戦初優勝を果たした徳島で、国立大出身のルーキーが存在感を発揮する。打率・433、2本塁打、17打点、5盗塁の成績を残し、前期最優秀選手に輝いた。

後期に入っても、7月末まで打率4割をキープしている。

「必死にやってましたけど。でも、バッティングがもう、後半は本当にダメで……」

徐々に打率が緩やかな下降線を描いていく。5月以降、明け渡さなかった首位打者の座を、9月に入り古卿に奪われた。そして、あの坊っちゃんスタジアムでの直接対決を迎えた。

終盤、明らかに体力が落ちた。シーズン公式戦80試合（当時）を戦った者でなければ分からない疲労が体を動かなくした。シーズンの最後、数字が下降してしまった理由は1つや2つではなかったはずだ。1年目を終え、翌シーズンまでにまずやらなくてはいけないと思ったのは、フィジカル面の強化である。この年、徳島からただ1人、広島から育成ドラフト1巡目で指名を受けた富永一は、積極的にウェートトレーニングを行っていた。

「富永にいろいろ聞いたら、『トレーニングジムに行ってる』っていう話を聞いたんで。やっぱり、体作りの方もちゃんとせんといけんのんだな……っていうのを、そこで思いましたね」

タイトルを逃したとはいえ、1年目に非常に高い打率を残すことができた。だが、それがNPBから指名されることに直結するのか？　と言われればそうではなく、事実ドラフト指名には至っていない。

「このままじゃダメだな……」

体力強化を含め、課題が山積みのなかで2年目、2012年シーズンに挑んでいる。

「数字は残りましたけど、走塁も守備も全然……。自分のなかで『走塁ってこういうことだな』『守備ってこういうことだな』みたいなもんが全然なくて、ふわふわした状態だったんで。これでかかるわけはないなと思ってて」

及第点の選手になるためには、打撃も守備も走塁も、すべていまよりレベルアップしなくてはいけない。野球漬けになる日々のなか、目標に向かって貪欲に突き進んでいる。

徐々に「走塁って、こういうことを大事にすればいいんじゃないか」という確信めいたものが、自分のなかに蓄積していく。守備においては本来の遊撃手だけでなく、二塁手も経験した。戸惑った部分もなかったわけではないが、確実に自分の糧となっている。

3年目、2013年シーズンの終盤になり、森山一人コーチ（元・近鉄ほか）との取り組みのなかで、「守備はこうすれば大丈夫」というものが分かってきた気がした。だが、打撃においてはまだ、自分のなかで「これだ！」と思えるものがつかめていない。

島田直也監督（元・日本ハムほか）からキャプテンへの就任を打診されたのもこの年だ。2013年2月1日、合同自主トレ開始の日の朝に主将就任を命じられている。すでに名実ともに徳島のリーダーとなっていた。

伝統行事5連覇の「伝説の女」

2011年に正式に球団スタッフとなってから、早3年目を迎えようとしている米本元子マネジャーも、日々精力的に仕事をこなしている。時折グラウンドに現れ、選手たちに伝達事項を伝えて帰る元子マネジャーのことを、松嶋はいつも「大変そうだな」と思いながら見ていた。

「なんか板挟みというか。上からもいろいろ言われてるけど、選手からも言われてる。すごく大変だろうけど。でも、こっちのことも聞き入れてくれようとしてるなと思ってたんで」

球団事務所にその電話がかかってきたのは、2013年の年が明けてから、しばらくしてのことである。「力餅」を運営する大山力餅保存会からだった。

「インディゴソックスの選手に、力餅に出てもらえんでしょうか？」

徳島県の北部、上板町にある大山の中腹に、四国別格二十霊場第一番札所大山寺がある。この寺で、毎年1月の第3日曜日に行われるのが「力餅」だ。巨大な鏡餅を抱えて歩く距離を競うという、400年以上前から伝わるこの伝統行事に出てもらいたいとのことだった。

2月1日からは、実質的な春季キャンプである合同自主トレが始まる。球団のPRになるとはいえ、選手がケガをすることだけは避けたい。

「せっかくお話をいただいたのですが……」

選手を出場させられない理由を伝えた。しかし、力餅を盛り上げることならできる。球団として協力することになった。

毎年の恒例行事でもあるため人は多い。力餅には参加しないが、森山コーチ、小野知久捕手（和歌山箕島球友会）、高島優大捕手（徳島野球倶楽部）の選手2人と、スタジアムDJのんたん、そしてマスコットのMr・インディーがお手伝い役として場を盛り上げていた。選手を引率するため、元子マネジャーも大山寺にいる。現場でふと思いついた。

「ちょっと待って。選手が出られないいんやったら、私が出たらええんちゃうん？」

抱え上げて運ぶ鏡餅の重量は、男性の部で約140キロ、女性の部で約70キロもある。スピーカーを通して、司会者の声が一段と大きくなった。

「ここで徳島インディゴソックスのマネジャー、米本さんが飛び入り参加されるそうです！」

「よっしゃ！　いくでぇ！」

「米本さーん！　がんばれー！」

思い付きで飛び入り参加しての結果は、大健闘の3位だった。

「いやあ、もっちゃん、よう頑張ったよ！」

森山コーチがねぎらいの声をかける。だが、本人には悔しさしか残っていなかった。

「……悔しい。来年、ここに戻ってくる。必ず！」

「あ、米本さん、来年も出てくれるん？　ほなエントリーしとくわな！」

これをきっかけに、元子マネジャーは２０１４年以降、２０１８年大会まで女性の部5連覇を達成する。

その後、２０１９年の元日にNHKで生中継された正月特番『２０１９年新春　発見！ニッポンにぎわいリレー　日本のめでたいお正月を生中継！』でのエキジビションマッチに出場。見事、しずちゃん（南海キャンディーズ）を撃破した。この大会を最後に、チャンピオンのまま現役引退を発表している。

「とにかくインディゴソックスのことを知ってほしかったんで。……悔いはありません！」

理想のチームでつかんだ栄光

この2013年秋のドラフトで、東弘明（八日市南高）がオリックスから育成1巡目指名を受けている。徳島からは2年ぶり、通算で4人目となるドラフト指名だった。松嶋は2012、2013年と2年連続で指名を待ちながら、名前を呼んでもらえない屈辱を味わった。徳島で3年目のシーズンが終わった。かつて恩師、山藤俊治に「3年やっても、まだ25歳なんだから……」と言われた3年間が過ぎたことになる。

2014年は前年に続き、主将として徳島をけん引することになった。そして、新たに二遊間コンビを組むことになったのが、この年入団した増田大輝である。

すでに前年の秋から練習参加している。足は速いし守備も器用だ。肩も強い。

「ちっちゃいけど、いい選手だな。でもなんか、野球に対してすごく真面目か？　って言ったら、そうじゃない……」

あくまでマイペースを貫こうとするタイプだ。たとえチームメートが残って練習していても、自分が「もういい」と思えばやらない。そんな「我が道を行く」といったところがある。

増田は、楽しく野球がやりたいと思っていた。大学で人間関係がうまくいかず、野球と決別しかけるところまでいった。徳島に入団し、ようやく全力で野球ができる環境に戻ってきたのだ。あの鬱屈した日々があったからこそ、いまは楽しく野球がやりたい。

増田が強烈な光を放ったワンプレーがある。

ある日の対香川戦、増田は三塁走者だった。打席には松嶋がいる。詰まらされた打球が、遊撃手と左翼手の間に上がる浅いフライとなった。

「これ、ムリだな」

タッチアップを諦め、落球した場合に備えて三本間ハーフウェーの位置まで出る。捕球したのを見て、三塁ベースにリタッチした。

左翼手が遊撃手に、ポイッとボールをアンダーハンドパスした。

「いける！」

本塁へ向かって猛然とスタートを切る。不意を突かれた遊撃手が焦って本塁へ送球するが、もう間に合わなかった。三塁側ダッグアウトへ戻って来た松嶋が、好走塁の増田に声をかけた。

「大輝、マジありがとう！」

「気持ち、楽になりました？」

「めっちゃ楽になった！」

たった1つのプレーでチームに勢いが生まれることを増田は知っていた。

普段は必要以上にチームメートの輪に溶け込むことがない。自分がやるべきことだけに集中している。だが、こと試合になれば「チームのために俺は点を取る！」と、持っている力を最大限に発揮する。増田はそういう男だ。

「大輝が塁に出れば、かえってくる」

そんなふうに言われ始めたのもこのころだった。

2014年、徳島は前後期優勝、ソフトバンク杯優勝、リーグチャンピオンシップ優勝、そして、グランドチャンピオンシップで群馬ダイヤモンドペガサスを破り、1年前にかなえられなかった日本一を果たした。弱小球団と呼ばれ、常にリーグ戦の最下位に甘んじていた徳島が、10年目にして初の独立リーグ完全制覇を成し遂げたのである。

その中心となっていたのはエース、入野貴大（プロ育成野球専門学院）、捕手の小野、右翼手の大谷真徳（立正大）、そして遊撃手の松嶋。いずれも1998年生まれ、同い年の4人だった。松嶋もこのチームには特別な思い入れがある。

「いい意味で馴れ合わないというか、自分のやることを各自がやって、それぞれの場所にリーダーがいて。それが同級生で……みたいなのが、僕はすごく刺激になっていたんですよね」

愛媛から移籍してきた入野が四国リーグ7年目。香川から移籍した小野が3年目、松嶋と同期の大谷が4年目である。独立リーグでは「ベテラン」と呼ばれる26歳の選手たちがチームを引っ張り、彼らの行動を見て年下の選手がついてくる。

「それぞれがやるべきことをやっていて、下の子もちゃんとついてやってくれてる感じがあったんで。勝つべくして勝ってたんだなと思います」

もちろん、そのなかには増田も含まれる。チームが勝利をつかむために、それぞれが責任を持ってやるべき仕事をする。松嶋にとって2014年の徳島は、いまも理想のチームである。

辞められない男たち

2014年の独立リーグ完全制覇のあと、ドラフトで入野が楽天に5巡目で指名された。大谷と小野は任意引退を発表している。松嶋と同期入団であり、やはりNPB入りが期待されていた外野手の吉村旬平（光明相模原高）も、この年を最後にチームを去ることを決めた。

5年目となる2015年シーズンに、挑戦するべきなのか？　4月で27歳になる。もちろんNPBに行くことは諦めていない。そこを目指さないのであれば、このリーグにいる意味がないと思っている。独立リーグ日本一を達成したあの試合の後、とてもスッキリとした表情の大谷や吉村の顔を見た。

「俺もああいう顔で辞められたらいいな。俺はいま、ああいう顔で辞められるのか？」

自分自身と会話する時間が、しばらく続いている。

退団した小松崎大地は、かつて筆者にこんな話をしたことがある。

「おそらくいまの選手たちもそうですけど、あの環境でやらせてもらってると、自分の実力って年々向上していくんですよ。だから、なかなか踏ん切りってつけられないと思います。いまは26歳だと（ドラフト指名されるには）年齢的に厳しいじゃないですか。だけど26歳って、NPBの選手なら一番いいときじゃないですか。結局、アイランドリーグの選手も一緒なんですよね。一番いい時期に辞めなきゃいけないっていうのは結構、厳しいと思うんですよね」

選手として、過去最高の状態の自分がいる。だが、客観的に見れば、27歳の野手がドラフト指名される可能性は低い。しかし、27歳だった香川・寺田哲也（新潟アルビレックスBC）が指名された例もある（2014年、ヤクルトからドラフト4巡目指名）。可能性のあるうちは挑戦したい。

松嶋の自問自答は続いた。

（ここにいるのは、あくまでNPBに行くという夢をかなえるため。もうNPBに行けないというのであれば、モチベーション的に無理だ。中途半端な気持ちで苦しい1年間を戦い抜くことができるのか？　途中で辞めたくなるんじゃないのか？　もう1年プレーするということは、社会に出るのがさらに1年遅れるということなんだぞ！）

盗塁王と3度目のベストナインを手に、2014年シーズン限りでの任意引退を発表した高知の主将、村上祐基（立正大）も、1年前に同じ悩みを抱えている。大学を卒業してから5シーズン、27歳までプレーした。松嶋から相談を受け、自分なりの考えを伝えている。

「やって1年後悔するか、やらずに一生後悔するか。辞めたくなったら辞めればいいし」

森山コーチは入団以来、ずっと松嶋のことを見続けてきた。

「ここまでやってきたんだ。ワガママを言える立場にある。これができたら辞める、できなかったら辞める……そんな感じでもいいんじゃない？」

2人の意見を聞いて、方向性は同じなんだな、と思った。

「やっても無意味だよなとか思っていたけど、『そうしてもいいんじゃない？』ってことかな」

守備と走塁についてはある程度、人に教えられるだけの技術を身につけられた自信がある。だが、打撃にはそこまで確固としたものがない。あの首位打者争いを演じた2011年以降、「こうすれば打てるんだ」というものがつかめないままでいる。

ある程度、打ててはいる。だが「どうも違うな……」「これでいいのかな？」というフラストレーションが、常に自分の中にあった。守備と走塁が形になったと感じているだけに、未完成なままの打撃をどうにかしたい。

1年目に「これが正解かな？」とつかみかけていたものがあった。その形を追い求めたい。だが、いまのままでは足りない。あの感覚の上に、さらに進化したものを上乗せしたい。

「強く振るには、いい角度で打球を上げるには、どういう形がいいんだろう？」

5年目の覚悟を決める前に、本当に自分の追い求めたいものが見えてきた。人に教えられるだけの打撃技術を手に入れたい――。

「もう最後、その先には指導者っていう方向性も考えてたんで。守備とか走塁は『こうせえ』って人に伝えられるものが、自分の中でできたと思うんです。ただ、バッティングはちょっと……。自分の中でも、どうやったらうまくいくのか？　っていうのがまったく分からなかったんで。それを探すために5年目をやったようなところもありますね」

2015年、5年目のシーズンに挑むことを決めた。自分にとって、まだ答えを見つけられていないものがある。

最後にたどり着いた境地

2015年6月、1カ月間の北米遠征に出た四国アイランドリーグplusオールスターズの主将を務めたのは松嶋である。アメリカはミネソタ、ニュージャージー、ニューヨーク。カナダに渡り、トロワリヴィエール、ケベック、オタワと旅は続く。

2人1部屋で泊るホテルのパートナーは増田だった。2月に入籍しており、9月に第一子が生まれると聞いている。部屋から日本にいる妻へかける電話には、松嶋もちょくちょく登場していた。これまでも何度か球場で会ったことがある。

家族ができた増田に、昨年までとは違う責任感が生まれている。松嶋の増田に対する印象が、この年になってから変わり始めていた。

「ちょっとした休みのときに、大輝が練習してるのを見たんですよね。自分がやるべきことをルーティーンみたいにやって、それで終わる。ただ単に楽をしてるんじゃなくて、自分が大事だと思うところを確認してる感じでした」

その前年は練習で手を抜いている場面が多く、「こいつホントにNPBに行く気あんのかな?」と思っていた。いまもそうした甘さも見えるのだが、増田は自分が大切だと思っている練習ならとことん突き詰めて、納得がいくまで辞めようとしない。

「大輝って、自分がこう! って思ったら、ひたすらやるんだな。あいつなりに、いろいろ考えてやってるんだ」

プライベートの変化が、野球への取り組み方にも影響を与えているのかもしれない。四六時中一緒にいる増田から、そんな空気感を感じ取っていた。

今回、四国アイランドリーグplusオールスターズの首脳陣には、中島監督とともにコーチの2人が同行している。投手コーチとして愛媛の加藤博人コーチ(元・ヤクルトほか)、そして野手コーチとして、香川の近藤智勝コーチ(香川)だ。

試合は午後7時プレーボールのため、ホテルに戻ってくるころには午前0時近くになることも少なくない。だが、松嶋はホテルに戻って来てからも、毎晩素振りを欠かさなかった。

遠征も最終盤となったカナダでの夜のことだ。ホテルの駐車場で素振りをしている松嶋を、近藤コーチが見ていた。2人の間で話題に上がったのは3年前、2012年の松嶋のスイングのことだった。

「あの時の形、結構良かったよなあ」

「……ですかね？　確かに、なんか自分が一番力を伝えられてる感があったのは、あの2012年だったんですよ」

そのスイングについて、誰かから触れられたことは、これまでなかった。

当時の徳島のコーチは喜田剛（元・阪神ほか）である。喜田は俗に「カチ上げ」や「縦振り」と呼ばれる、打球に角度をつけるスイングに矯正することを野手に求めた。非常に前衛的な打撃理論であり、関係者のなかでも肯定する者、否定する者とに分かれていた。やがて、それが試合での結果にはすぐにつながらなかったことと、野手全員に同じスイングを求めたことが徐々に軋轢となった。結果、喜田コーチは2012年前期限りで徳島を去った経緯がある。

「あのスイングは、やっぱり良かったんですかねえ？」

そう尋ねる松嶋に対し、近藤コーチが自らの経験談を話す。

「あそこまで極端にはやってないけど、自分も体がちっちゃかったから、ああいう感じで縦にヘッドを使って飛ばそうとはしとったんよ」

松嶋が言った。

「確かに、とりあえず練習で試してみたら、いままで100パーセントで振らないと力を伝えられなかった感じが、それこそ6～7割ぐらいの感じでもめっちゃ飛ぶ！　みたいな感覚があったんですよね……」

北米遠征から帰国後、近藤コーチと話したスイングのイメージを打撃練習に取り入れてみた。

「これかな……？」

振れている感じがある。

「北米遠征から帰ってきて日本で試合したら、バカみたいに打てそうな気がせん？」

電話の向こうでそう言ったのは、島根の実家にいる母の寿枝だ。思わず笑って答えた。

「そんなわけないでしょ」

しかし、帰国してからの松嶋は絶好調だった。愛媛とのオープン戦（7月12日、徳島・三好市吉野川運動公園野球場）で左翼越え2ランを放つ。その2日後、オリックス2軍と対戦した交流戦（14日、ほっともっとフィールド神戸）で、左翼スタンド上段に特大の2ランをたたき込んでみせた。

「母さんに『ほら、やっぱり！』みたいな感じで言われたんですけど、いまでも不安しかないです」

北米遠征のために結成された四国アイランドリーグplusオールスターズにとって最後のゲームとなったのは、首都圏に遠征してフューチャーズと対戦する3連戦（7月28〜30日、東京・大田スタジアム）だった。松嶋は4番に座り、12打数4安打、3打点の活躍を見せる。得点圏打率は・500と、勝負強さも発揮した。

それは9月に入った後期リーグ戦終盤、公式戦の残り試合数が10試合ほどになったころだった。あの2012年のスイングの感覚が戻って来た。徳島で5年間やってきて、これまで何人ものコーチが伝えようとしてくれていたことが分かる。喜田コーチ、長内コーチが言っていたことも、全部理解できる。

「こういう感覚を言ってたのか。上半身に力を入れちゃダメなんだ……」

打球が目に見えて変わった。センターの外野フェンスにノーバウンドで当たる。高い防球ネットのその上を越えて行く。最後の最後につながった。そんな感覚がある。

「（近藤）智勝さんにもホント、北米遠征の時にいろいろ質問させてもらって。智勝さんの話から、最終的に自分でも納得いくような形が見つけられたんで。いままで教えてもらってきた人らの言ってたことが、すごくつながってきたというか。ホント最後の5年目をやって良かったなって思います。まあ、NPBには行けなかったですけど、やり切りました。あとは、アイランドリーグを応援してくれている人たちの温かさというか、普通に野球やっててもできないつながりができたのは、すごくありがたかったですね」

シーズン最終戦は、後期優勝を決めた愛媛とのビジターゲームだった。対愛媛後期10回戦（9月18日、松山・マドンナスタジアム）愛媛・四ツ谷良輔（深谷商）との間で争われている遊撃手ベストナインの争いは、この試合で決着する。

「最終戦で僕が打てなかったら、打率を抜かれてたんですよ。だけど、自分の中で『こうやったらいい』っていうのが分かった状態だったんです。プレッシャーかかってる中でも」

徳島インディゴソックスとして戦う最後の試合で3安打を放つ。最終成績は四ツ谷・269、松嶋・275。2015年度の遊撃手ベストナインは松嶋が受賞した。

最終戦が終わったとき、ともに北米遠征を経験した鷲谷綾平（WIEN'94）と顔を見合わせて言った。

「もう、ええな」

1年前、独立リーグ日本一を達成したときには見せられなかった、スッキリとした笑顔がそこにある。5年間やり切ったからこそ、こんな気持ちになれた。もう、悔いはない――。

2015シーズンの終了とともに、松嶋は現役を引退した。また5年間、徳島で代表を務めた坂口裕昭代表も、リーグ事務局長に就任するため徳島を離れることになった。12月に南啓介代表（株式会社パブリック・ベースボールクラブ徳島）が新たな球団代表に就任し、徳島はまた、次のステージへと進んでいくことになる。

「夢はそんな遠くない」と伝えたい

故郷である島根に帰り、両親に引退を報告する。

「ああ、そうか」

父はそうとしか言わなかった。特別な言葉は何もない。山藤先生のところへもあいさつに行く。

「じゃあ、講師の登録をしよう」

山藤先生らしいな、と思った。

体育教師を目指して、まったく新しい世界に飛び込む。先行きに不安を覚えながらも、島根中央高校で1年間講師を務め、翌年、出雲工業高校へ異動した。この年、教員採用試験に合格している。2021年から母校である浜田高校に赴任し、硬式野球部部長を務める。

浜田高校は2022年、18年ぶり12度目となる夏の甲子園出場を果たした。2回戦で有田工に5対3で勝利し、初戦を突破した。3回戦で大会の準優勝チームとなる下関国際に敗れ、甲子園を後にしている。

島根県の教員に採用されてから、今年で8年目になる。

「結局、アイランドリーグでも大事だったことは、人間力なんですよ。野球をやる上で、生きていく上で、絶対に必要なもので。だからいまも、野球をやることよりも優先して『人間力を！』って言い続けてます」

生徒に2014年のチームが持っていた雰囲気のことをよく話す。それぞれが自立し、責任をもって自分のやるべきことに集中していた、独立リーグ完全制覇を成し遂げたあのチームだ。よく「協力するのと群れるのは違うよ」という話をするという。

「あの時のチームは、なんか協力しとったなと思うんです。高校生って弱いところがあって、1人では何もできないから群れちゃう。群れていい結果を生むんならいいんですけど、結局大した成果は生まないじゃないですか。グラウンド整備でも同じところに固まってやるぐらいだったら、広がってやった方が効率いいじゃん。そういう話なんですよ」

自分のために、チームのために。同じ目標に向かって、それぞれが全力を尽くしていた。あのチームにいられたことは、大きな財産となっている。

増田が巨人に入団し、1軍の舞台で活躍していることがうれしい。野球部の部員たちにもよく増田のことを例に出す。体が小さくて足が速く、肩が強いタイプなら、いいお手本になる。

高校教師となったいま、生徒たちに伝えたい思いがある。

「自分が思ってる夢って、意外に遠くないよってことを伝えたいですね。現実を見ちゃって、自分の夢をすごく大きく思い過ぎちゃって、『自分には無理だ!』ってなっちゃう。だけど、ソフトバンク3軍に甲斐とか千賀（滉大／現・メッツ）とかいたけど、いまはもうトッププレーヤーじゃないですか。とにかくチャレンジして、もしダメでも、まだ若いから。やり直しは利くよって言いたいですよね」

それは22歳の秋、松嶋自身が山藤先生から言われたことだ。

「3年やっても25歳なんだから、まだ夢を追い続けてもいいんじゃないか?――」

あのとき、言われたことは間違っていなかった。いま、自身が生徒に教える立場となって、チャレンジすることの大切さを伝えることができる。情報量の多すぎる現代、若い世代は飛び込む前に数字や可能性で判断してしまい、チャレンジしようとすらしない。

「もう遅いから」

「きっと無理だから」

「やっても無駄だから」

そうじゃない。やってみなければ夢はかなわないし、たとえかなわなかったとしても、別の大きなものを手に入れられる。徳島で挑戦した5年間、松嶋は本当に多くのかけがえのないものを手に入れた。

「だから、とりあえずやってみろよと思うんです。アイランドリーグはすごく成長させてもらった場所ですし、『夢はそんな遠くない』って分からせてもらった場所ですね」

島根に戻ってから結婚し、3歳の男の子、1歳の女の子の父親でもある。

「最近、上の子が野球にちょっとずつ興味を持ち出したんで。いまがチャンスだと思って、いろいろやりたいと思います。キャッチボールしたり、バットでボール打たせたり(笑)」

四国リーグを卒業し、高校野球の指導者になっている元選手は少なくない。しかし、いまのところ甲子園出場を果たしたのも、勝って校歌を歌ったのも、浜田高校の部長を務める松嶋ただ1人である。

茶野 篤政　岸 潤一郎

第6章

深淵から見た光

岸潤一郎
茶野篤政

ドラフト直後の「岸のドヤ顔」事件

2019年、ドラフト。西武から7巡目で徳島の右腕、上間永遠（柳ヶ浦高）が指名され、続いて8巡目で岸潤一郎（拓殖大中退）が指名を受けた。

画面いっぱいに映し出された自分の名前を見て、立ち上がってガッツポーズを見せることも、涙を流すこともない。一瞬少しだけ目を見開いたが、スンッとした表情のままだった。むしろ隣に座っている平間隼人（鳴門渦潮高）のほうが、岸が指名を受けたことに興奮を隠せないでいる。

SNSには「岸のドヤ顔」と書かれた。

「ドヤ顔じゃないんですよ。この1年やってきて良かった。死に物狂いでやってきて良かったな、みたいな気持ちのほうが先に来たんで。もちろん気を抜いてたのもありますけど。ドヤ顔できるような独立リーガーなんていないですからね。マジで僕、（指名されることは）ないと思ってて。普通にこう座って待ってたんで」

本当に野球だけにつぎ込んだな……。そう思えるぐらい、今年1年間やってきたことには納得している。だから指名を受け、「よっしゃ！　西武や！」と歓喜する気持ちよりも、どこかホッとしたような、じんわりとした静かな喜びが胸に広がってきたのだ。

1つため息をついて言った。

「……なんか、心のなかがサーッと洗浄された感じ。やってきたものが報われたなっていう気持ちなんで……」

育成ドラフト会議が始まる前の休憩中、緊張気味の平間と岸、筆者と3人で、ノートに書いたここまでの指名結果を見直している。

「ほら見て。巨人、内野手ほとんど獲ってない」

「そうなんですよ！」

その事実に岸は気づいていた。チャンスはある。だから隼人、心配すんな。もうすぐだ。もうすぐ名前が呼ばれるから——。

岸が本当にうれしそうな表情を見せたのは、平間が育成ドラフト1巡目で巨人から指名されたときだった。さっきのスンッとした顔ではなく、くしゃくしゃにした表情で平間とともに喜び合う岸がそこにいた。

あの日から5年が経った——。

NPBの世界は厳しい。上間は2021年にトミー・ジョン手術を受け、現在は育成選手として契約している。平間は支配下登録されることのないまま、3年で巨人を自由契約になった。現在は北九州下関フェニックス（九州アジアリーグ）で選手兼任コーチとして現役を続けている。2019年に四国リーグからNPBへ進んだ選手4人のうち、いまも1軍でプレーしているのは、岸ただ1人である。

うどんを打つ「甲子園の申し子」

かつては明徳義塾の主将であり、エースで四番打者として甲子園で大活躍した岸が、グラウンドに戻って来た。「甲子園の申し子」とまで呼ばれ、高校日本代表に選ばれた選手が徳島に入団すること自体、これまでにはなかった出来事である。

野球が嫌いになった。もういい。一生、ボールなんて握らなくていい。いつか草野球で使おうと、木製バット1本だけ手元に残して、道具は全部友だちにあげた。

「もう一切やりたくないぐらい野球が嫌いだったんですけど。嫌いになってたんですけどね。でも、だいぶ……普通に楽しいですね。意外とすんなり入ったかもしれない。意識高い人多いし。そういう人、苦手やったんですけど」

甲子園を賑わせた選手が大学に進学するとなると、いろいろ難しいこともあったのだろう。岸も思ったほどの結果は残せず、そのうえ大学2年の夏に右肘のトミー・ジョン手術を行ったことで野球ができない時間も長くなった。大学3年の秋に野球部を辞め、大学も中退している。

完全に野球との縁が切れていた岸に、徳島入団へとつながる猛アタックを試みたのは、2015年から徳島の球団代表となった南啓介（株式会社パブリック・ベースボールクラブ徳島）だった。徐々に野球への情熱を取り戻し始めるなか、徳島への入団を決意する。プロ野球選手として生きる道を諦めようとしていた自分に、徳島がチャンスをくれた。2018年は野球をする楽しさを、再び思い出し始めた時期でもある。

それからの2年間は、激動の2年間だったと言っていいだろう。再び野球を続けることにはなったが、当時は大学を中退した選手には、2シーズンを経過しないとドラフト指名対象にならないというルールがあった（現在は撤廃）。指名対象となるには、翌2019年のドラフトを待たなくてはならなかった。

この2018年シーズンが始まる前の12月、徳島の運営会社、株式会社パブリック・ベースボールクラブ徳島は、ゆめタウン徳島の2階フードコート内に「宮武讃岐うどんゆめタウン徳島店」をオープンさせている。選手への給与は3月から発生するため、それまでの間は無給となってしまう。選手たちを救済するための新事業でもあった。

宮武讃岐うどんの社員と一緒に選手らが実際に厨房に入り、うどん作りから接客まですべて行う。元子マネジャーも仕事の合間を見て、手伝いに行くことがよくあった。

「みんな、普通にアルバイトしてましたよ。他のバイトさんとか社員さんとかと同じように、麺を打って茹でて、提供するみたいな。うどんの玉みたいなのが送られてくるんですよ。それを麺打ち器でピーッって伸ばしたやつをさらに打ちます。伸ばしたり、茹でたりもするし。あとレジを打ったり、洗い物したり、天ぷらあげたり」

シーズンが始まる前の1、2月は、岸も白い調理衣を着て麺を打ったり茹でたりしていた。『甲子園の申し子』とまで呼ばれた選手だ。

「やっぱりちょっとすかして、お高く留まってるのかな？」

そんなふうに想像して、最初は距離を空けて接していた元子マネジャーだったが、実際の岸にはまったくそういった部分がない。アルバイトする岸の姿を取材に来たマスコミも少なくない。どうやら本人よりも、周りが特別視する空気感を出しているらしかった。

オフシーズンは地域貢献活動のイベントも多い。イベントの主催者から元子マネジャーの元に「ぜひ、岸くんを連れてきて！」というリクエストがひっきりなしにある。

「地域の野球教室にも引っ張りだこで。連れていったら子ども目線でちゃんと対応できるし。野球だけじゃなくて、こういうこともちゃんとできるんや！　っていう。甲子園の申し子は自分のネームバリューとかいろんなものを自覚してて、自分が積極的に動くことがチームのため、独立リーグのためになると思ってくれてたんやと思いますよ」

独立リーグが存続するために、地域貢献活動は不可欠だ。選手によっては野球以外の活動を嫌がったり、不慣れなイベントに文句を言う者もいる。

だが、岸はそういうところで参加を積極的に買って出てくれていた。もちろん生活の足しにしていた部分もあったのだろうが、球団のためにと思って一肌脱いでくれているのだろう。

元子マネジャーは「ありがたいな」と思っていた。

初めて叱られたエリート

岸が徳島での生活で最も苦しんだのは、スケジュールのタイトさである。

「同じ四国内って言っても、やっぱり徳島から愛媛の先まで行ったら、結局帰ってくるのが1時とか2時とか。そっからお風呂と洗濯して3時。もう寝る時間もない、みたいな感じなので。やっぱり、そういうところのスケジュールはきつかったなと思います。筑後までバスで行って、夜中に出てんのに、着いてすぐ試合とか……」

岸の野球人生が徳島で再び始まった。登録されたポジションは投手だが、トミー・ジョン手術を受けた影響を考慮して、右肘に負担をかけないようにするため前期は一塁手、後期に入ってからは右翼手として試合に出場していた。

周りを驚かせたのが、足を生かして盗塁数を稼ぎまくったことだ。投手に戻ることは、もう考えていなかった。

「正直、こっちが本来の僕なので。ピッチャーをちゃんとやったのって、高校の3年間だけですから。小・中はずっと野手をやって、地肩が強かったので小6とかでピッチャーやったりとか、中3の後半でちょっとだけ投げたぐらいなので。ちっちゃいころから僕を知っている人から見たら、ピッチャー岸より普通に野手のイメージだと思います」

この年の8月、徳島の練習環境についてこんな言葉を残している。

「めっちゃいい環境やと思いますよ、僕は好きです。個人でやっていくので、めっちゃ楽しいですけどね」

徳島に来て、橋本球史コーチと出会った。

橋本コーチは大学を卒業後、専門学校を経て2015年から3年間、徳島で外野手としてプレーした。2016年に盗塁王、ベストナインを受賞している。2018年はコーチとなって初めてのシーズンだった。

このころ岸のなかでは、橋本コーチへの信頼感が生まれ始めている。

「6、7月でだいぶやり込んだんで、いい練習ができたと思います。球史さんたちのおかげなんですけど。ティーもずっと一緒にやってもらったし、ウェートも一緒にやってもらったし。前期からしたら、このへん（大胸筋）とかめっちゃデカくなったんですよ。一緒にやってもらったこととか、考え方、ティーのやり方とかも全部、僕はだいぶ生きてるなって思います」

話だけを聞けば、ひたすら野球だけに打ち込んでいたように聞こえる。だが、実際にはまだ、野球に対する甘さが残っていた。寝坊して遅刻はする。練習中にフラッといなくなる……。

橋本コーチが述懐する。

「来た時点でポテンシャルは間違いなかった。1年目は（ドラフトが）無理だったじゃないですか。元々、2年計画ってところで考えていて。1年目はもう、足ですよね。足はホントに速かったので。でも、あいつの人間性にもびっくりしたんです。センスあるヤツって練習をやらないというか。それがとにかくもったいなくて……」

前期を終えての成績は、34試合に出場し、打率・195、10打点、1本塁打、19盗塁である。ミスをしても岸を試合で使い続ける。橋本コーチは内心、「甘やかしすぎだろ」と思っていたが、岸の指導を担当するのは自分ではない。もちろん、将来がある選手であることも理解している。だが、ドラフトに関係のない今だからこそ、根本から直したほうがいいのではないか？　そう思い、岸を担当していた駒井鉄平コーチ（元・日本ハム）に進言した。

「甘やかしすぎだし、周りの選手は納得してない。センスあるのは分かるけど、成績残してないのに使われ続けるし、ちゃらんぽらんにやってても何も言われない。これじゃチームとしても成り立たないでしょう？」

しょっちゅう風邪をひいて体調を崩す。それは生活に甘さがあるせいだ。どこかのタイミングで岸を呼びつけ、2人だけの場所で注意しても良かった。だが、周りへの示しをつけるためにも、あえて選手たち全員の前で注意したほうがいいと決断した。

「テツさん（駒居コーチ）も『厳しくしたら辞めちゃうんじゃないか？』って怖さがあったと思うんです。見る選手を被らないようにしていて、岸に期待はしつつも引いて見てたんです。前期、悲惨な成績で打率もついてこない。盗塁ももっと出塁すれば行けるのに、その練習もやらない。もういいかなと思って自分が言っちゃった。中断期間、あいつの練習態度を見てブチ切れたのを覚えてます」

前期リーグ戦が終わり、後期リーグ戦が開幕するまでの全体練習中、グループごとに分かれて練習していたときに岸の姿が見えなくなった。駐車場に荷物を取りに行っていたらしいのだが、走って帰ってくるでもなく、外野のほうから歩いてグラウンドに戻ってきた。

周りが唖然とするほど激高している橋本コーチを、誰も止めることができない。

「前期もお前のせいで負けたんだろうが！　打ってもねえのに使ってもらい続けて、さんざんチームの足引っ張って。そんな感じで練習するんなら、もう辞めろ！」

それまで野球をやってきた環境で、誰かに怒られたことがない。盗塁をしなくなったのは中学時代、「四番なんだから走らなくてもいいでしょ？」と勝手に解釈していたからだ。だが、選手として非の打ちどころのない岸に、誰も何も言わなかった。高校時代も大学時代も、誰にも怒られたことがなかった。

「あいつ、反抗することはないんですよね、いままで1回も。ちょっとムッとするようなこともなくて、ホントに素直に『すみません……』って感じなので。でも、ちょっと落ち着くと、そういうのが出ちゃう。1年目はその性格に対してずーっと定期的に自分がキレて。周りに対してのパフォーマンスってのもあったし、とにかく一番厳しくしましたね」

そのあたりから岸のことは、自然と橋本コーチが見るようになっていった。コーチとして岸をずっと見守り、練習にもとことん付き合う。自分の思いは岸にきっと通じているはずだ。そう思っていた。

そんな橋本コーチのやり方を、岸は素直に受け止め、ついていくつもりでいた。どこまでも練習に付き合ってくれる橋本コーチに感謝の気持ちまである。

「球史さんがおらんかったら、正直1年目とか、どこか野球に対して上からだったり、『俺はできる！』みたいな気持ちがあったと思うんです。自主練をしなくてもいい、みたいな甘さが自分のなかにあって。そこのプライドを折ってくれて、しこたま怒られたんで」

口数が多いわけでもなく、「俺についてこい！」というような親分肌でもない。自分の甘さを厳しく叱ってくれて、最初から最後まで練習に付き合ってくれる。

「この人について行ったら、うまく行くんやろうな……」

なかなか褒めない橋本コーチだからこそ、逆に信頼ができた。そういう人に褒めてもらえたときはうれしいし、もっと褒めてもらいたくなる。そういう気持ちにさせるコーチだった。

1年目は盗塁王とベストナイン（外野手）を受賞し、結果を残すことができた。シーズン終了後、選抜チームの一員としてみやざきフェニックス・リーグに参戦している。NPBの若手と直接対戦して「思っていたほどの差はないんじゃないか？」と感じている。

「じゃあ次の1年、勝負を賭けていこうかって。そこでやっと気持ちが切り替わった感じですね」

来シーズンは、NPBを目指して勝負する1年になる。開幕から全力で行こう。

そう考えていた矢先、宮崎で悲劇は起こった。

「野球を覚えるため」のショート転向

その日の前夜、橋本コーチは岸と電話で会話している。

「ケガだけはしないでくれよ」

フェニックス・リーグが第4クールに入った10月23日、徳島に「岸が救急車で病院に運ばれた」という一報が入る。その連絡は橋本コーチの耳にも届いた。

「ウソだろ？　きのう言ったばっかだぞ」

対DeNA戦（アイビースタジアム）で中堅手として守備に就いていたが、センター後方の打球を追っていて、外野フェンスに激突した。グラウンドの中に救急車が入り、そのままサイレンを鳴らして病院へ向かっている。

診察の結果は左手首の骨折、右手親指の開放性脱臼、両膝の打撲だった。右手親指は骨が見えるほどの大けがである。そのまま手術となり、翌日の午後に退院した。もちろん岸のフェニックス・リーグはここで終了となった。

「1人で宮崎から徳島に帰って来て。地獄やった。だって、両手使えないですもん」

最初の診断で医師からは「開幕には間に合わないけど、4月の終わりか5月に復帰できたらいいね」と言われていた。だが、幸いなことに経過が良く、順調に回復に向かっている。

年が明け、2019年3月。県南の海陽町、まぜのおかで行われた春季キャンプに岸の姿があった。この海陽町キャンプで橋本コーチは、集中的に鍛える5人をピックアップしている。岸、平間、3年目の球斗（森田球斗／白山高）、そしてルーキーの友居京太郎（徳島大）と宇佐美真太（大阪偕星学園高）の5人だ。チーム全員が1週間、寝食を共にする中、彼らは同じコテージに集められ、練習も特別メニューが与えられた。

朝6時に起床。午前7時30分の朝食まで体育館でバットスイング。全体練習が始まるのは9時30分だが、その1時間前には練習場である蛇王球場に入り、夕方5~6時まで練習。午後7時から夕食。栄養セミナーがあれば、それを受講し、そのあと午後9時から午前0時ごろまで体育館やブルペンを使って練習する。

キャンプ中、夕食の前の短い時間を使って、岸に話を聞いている。夜の練習はどんなことをしているの？　と尋ねた。

「球史さんが穴の開いた黄色いカラーボールみたいなのを買ってきてくれてて。それでティーバッティングしたり。最後、12時とか11時半とかから勝負するんですよ。ちゃんと捉えないと壁まで飛ばないんですけど。それを5本中、何本壁に当たったか？　で5人中2人が残されて。その2人はティーバッティング300球とか、400球とか。日に50球ずつ増えていってて。隼人に関しては、きのう2000球とか（笑）」

この日はキャンプ5日目、疲労もすでにピークに達していた。昼の全体練習で紅白戦を行い、負けたチームはペナルティーとしてランメニューが与えられている。岸は勝ったチームにいたため、ペナルティーを受けることを免れていた。

「紅白戦、3戦して3勝なんですよ、自分。その居残りの2人にも、まだ1回も入ってないんですよ。まだマシかな？　っていう。体に（疲れが）来てはいますけど。もう起きてから寝るまで眠たいですね。でも、僕らついて行きますからね、球史さんには。その5人はだいぶ、球史さんには信頼あるんで」

普段なら「もう、きょうはええわ」と妥協しているはずだろう。だが、橋本コーチは妥協させてくれない。そして、つきっきりで練習に寄り添ってくれる。「しんどい」「眠い」と言葉でガス抜きをしながら「たった1週間やし、頑張ろか」と、最後までキャンプをやり切る気持ちでいる。その根本にはなんとしても今シーズン、結果を残したいのだという意図がある。

ここに来て、トミー・ジョン手術を受けた右肘の痛みはほぼなくなった。宮崎で痛めた右手と左手首に痛さはあるが、バットは振れる。

「いま、ずっとショートやってるんですけど、練習ではバンバン投げてるんで。肘に関しては問題ないかなって」

内野手として遊撃手のポジションでノックを受け始めている。

「ショートっていうより二遊間って形で考えてて。基本はやっぱりショートなんですけど、両方できるように」

橋本コーチから「内野も守れるほうが、スカウトからの評価が高くなる」とアドバイスを受けている。すでに前年後半から内野手の練習に取り組もうと2人で話し合っており、年末から練習を始めるつもりでいた。ところが宮崎での大ケガがあったため、このタイミングから始めることになったのだ。

これについて、橋本コーチが説明してくれた。

「ホントはショートよりもサードが良かったんです。ショートやらせたのは、サードが空いてなかったっていうのもあるんですけど、野球を覚えるってところが大きかった。外野手って結構、守ってるときに他人事なんですよね。でも、あれでより野球を考えるようになったし、野球を覚えるんだったら絶対内野をやったほうがいいんですよ」

遊撃手のポジションに岸が入り、二塁手のポジションに入ったのが平間だった。鳴門渦潮高時代から遊撃手を務め、徳島でも遊撃手、三塁手として実績がある。

岸が内野を守るのは、このキャンプがほぼ初めてのことと言っていい。しかも、宮崎での大ケガから復帰したばかりである。

「岸、手首折れてたんで。それでよく戻ってプレーできたっスよ。やっぱりすごいな」

このキャンプで岸に守備の技術をたたき込んだ平間があきれたように言う。橋本コーチからのノックを共に受けながら、手取り足取り内野手のイロハを教えていた。平間も岸の持っている野球センスに舌を巻いている。

「普通、無理っス。やったことない人間がショートなんかできるわけないので。ずっとショートやっててもねえ、大したことないヤツなんか、なんぼでもおるんですから。四国見てても『お前、ずっと内野しよったんだろ？』っていうヤツがいっぱいいますから。それを岸はあそこまでできるんで。やっぱりそのへん、センスですよね。僕がちょっと感覚教えて、実際にやって、（ノックの）数、受けて。結局自分でつかめないと、なんぼ教えても無理なんで。野球センスっていうのは、人より飛び抜けたものがありました」

平間は平間で、今年こそＮＰＢに行くんだ！　という強い意志がある。岸は元々、名前が売れていて、自分は無名だ。何もかも岸以上に成績を残さないと、スカウトに見てもらえない。それをモチベーションにしていた。

「そうじゃないと無理だと。やるからにはＮＰＢを目指したいし、ＮＰＢに行くために野球してるんで。最後1年ぐらいやなあ。ラスト、ギリギリで行けるか？　行けんか？　の年やなあっていう思いでした」

目標をかなえるために、おあつらえ向きの相手が目の前にいる。あいつを超えなきゃＮＰＢには行けない。岸は仲間であり、ライバルであり、絶対に負けたくない相手だった。岸のポテンシャルの高さを認めているからこそ、それに負けまいとすることで自分のレベルも引き上げられる。そこに程度の低い足の引っ張り合いなどない。

「ショートの技術は急成長できたものがあるんで。そのへんを岸に教えて、伝えて。自分のことは自分でやるし、チームのこと考えたら、岸のことも教えたほうがプラスになりますから」

平間にも岸にも大前提としてあったのは、「試合に勝って、リーグ優勝して、チャンピオンシップで優勝し、グランドチャンピオンシップでも優勝する。それが最もスカウトに目をつけてもらえる方法だ」という考えだった。NPBに行くために、勝たなくてはならない。強い球団だからスカウトも見に来てくれるのだ。それを伝えたのも橋本コーチである。

勝つためには、岸に早くうまくなってもらわなくてはいけない。2人の利害関係は一致していた。岸も平間の見立て通り、驚くべき成長を見せる。シーズンが開幕し、試合をこなしていくうちに失策の数はどんどん少なくなっていった。前期が終わるころになると、取材中のこちらに向かって「良くなってきたでしょ?」と、逆に尋ねてくることが増えている。

「まあもう、なんて言うんですか。こう『マシになってんで!』が聞きたくて(笑)」

見せたいのは守備の技術だけではなかった。そんな付け焼刃を見せたところで、スカウトは獲りたいと思ってくれない。本当に見てもらいたかったのは、機敏さ。瞬発力。

「1歩目を俊敏に動いたり、攻守交代のスピードもそうやし。アピールになると思うことはすべてやる! みたいな。何か意識してやるとかじゃなくて、もう勝手に体が動くように。言うたらチェンジになれば、ベンチから一番に飛び出してショートのポジションに就くとか。それだけでもスカウトの目に『あっ!』って一瞬でも留まってくれれば儲けもんやし。別に捕る、捕らんなんて技術練習を重ねていくだけなんで。『あいつ、捕れんかったけど1歩目速いな』とか『あれ追いついて、ああやって肩見せれんねや』とか、そういったところ。球史さんがよく言うのは、『スカウトが見に来てる試合で飛んでこーへんかったら意味ないから。シートノックで、より（必死に）やっとけ！』みたいな。逆のこと言ったら『シートノックが一番大事』くらいの気持ちでやってましたから。球史さんもそういうとこ分かってくれてるんで」

二遊間を組んだ平間のことを、ライバルだとは考えていなかった。自分と隼人と2人で、このチームを引っ張ろう！　その気持ちはシーズンが後半になるにつれて大きくなっていく。

「もう2人でかき回して、どうにか優勝してっていう。だって優勝せんと、CS（チャンピオンシップ）、グラチャンまでアピールできひんやん！　っていう。そっからもう思ってたんで。まあ、ライバルじゃないですけど、何が一番しっくりくるんですかね？　高め合える仲間？　ライバル意識とかは、僕は別になかったし」

三塁手の球斗も合わせ、この3人で内野を守り抜く。3人が3人そろって「球史さんの弟子」のような気持ちでいる。

2019年の徳島は、前期リーグ戦で優勝し、早々とチャンピオンシップ出場を決めた。後期優勝の愛媛と対戦したチャンピオンシップを2勝1敗で獲り、2年ぶり5度目となる年間総合優勝に輝く。さらにグランドチャンピオンシップでBCリーグ王者、栃木ゴールデンブレーブスを破り、2年ぶり3度目の独立リーグ日本一の座に輝いた。

主将として徳島を引っ張った平間が言う。

「ずっと岸と2人でチーム引っ張ってきて。ずっと二遊間組んで来て。信頼関係もあるし、お互いを尊敬してるんで。で、実際、後期ぐらいから自分も注目されだして、岸も注目されだして。そうなってきたら『優勝して2人でNPB行けたら最高やな！』っていう感じだったので」

歓喜のスパークリング・ファイトでずぶ濡れになった岸が、笑顔で言った。

「この1年、楽しかった！」

自分のできることは精いっぱいやった。これなら、たとえ結果がどうなろうと納得できる。そんな充実感に満たされている。

ドラフト会議は10月17日。運命の瞬間は、独立リーグ日本一の歓喜に酔いしれた夜の2日後に迫っていた。

朝まで飲み会感覚で続いた「素振り会」

ドラフトが終わった日の夜、岸が見つけてうれしかったツイート（当時）がある。2018年まで高知で投手として活躍した、嘉数勇人（千葉熱血MAKING）が投稿した一文だ。

「岸くんも大学中退から支配下指名はさすが！　たしか1年目は投手登録だった気が。駒田さん（高知・駒田徳広監督／元・巨人ほか）も『俺がスカウトだったら絶対指名させる』と言ってたもんな。この選手は実績とか関係なく良く声が出ていた。歳関係なく味方を鼓舞することが出来る選手。こういう選手がいるからインディゴは強いね」

いま、5年前を振り返れば、自分を作り直すために必要な2年間だったのだな、ということがよく分かる。エリートコースを走っていた自分が、その道から外れた。それまでの自分は、実は打たれ弱かったと思う。結果が出なければ「もういいや」とすぐ諦め、放り出してしまうところがあった。

「でもねえ。あの環境で2年間やって、NPBにまで入れたら、『あの環境でやってたんやから意地でも1軍に残らな！』とか思うようになりましたよ。なんか気持ちの部分で、ハングリーさが生まれたというか」

いらないプライドを捨てられるようになった。泥臭く「何がなんでも1軍に残るんだ！」とガムシャラになれるようになったのは、あの2年間のおかげなのかなと思う。

徳島で得たものは「死に物狂い感」だと言う。なんとしても！という必死さが、西武の岸となったいま、様々な部分で生かされている。あれを越えて来てんねんぞ、俺は――。

「大袈裟に言うたら、そんな感じですね（笑）」

スケジュールのタイトさ、経済的な厳しさ。野球以外でもキツいことは少なくなかった。だが、やはり最もキツかったなと思い出すのは、慣れない遊撃手のポジションで周りに迷惑をかけてしまっていたことだ。

「それこそ本当、慣れてなくて、ショートの動きもできなくて。もちろんエラーもいっぱいして。迷惑かけてるっていうところはしんどかったですけどね。自分で負けた試合ももちろんあるし、エラー何個もした試合もあるし。それでも『後期の最後の最後まで、お前はショートで使うから』って、牧野さん（牧野塁監督、現オリックス投手コーチ）にも球史さんにも言われて。ホントありがたいなと思います」

野球選手として再スタートを切るために、生まれ変わろうとした2年間だった。練習に対する考え方も大きく変わった。キツいものだとしか思ってなかった練習が楽しくなった。

「もういまさらなんぼやったって、うまくなることなんて、そんなにないやろって思ってたんですけど。それこそ最後、グラチャンでショートに9個ぐらい打球飛んできて、1試合ノーエラーで終われたんですけど。なんか1年間やったら形は全然できてないにしても、なんとかアウト取れたり、まだまだ成長できんねや、みたいな」

現役の徳島の選手たちに贈りたいメッセージは？　という質問にも実感がこもる。

「なんですかねえ？　長い人生の1、2年ぐらい頑張ろうよっていう。なんかそれ、ちょっと上から過ぎますけど（笑）。死ぬ気でやったらいいことあるよって感じですよね」

橋本コーチとは、いまも連絡を取り合っている。それまで岸の野球人生にはいなかった、自分に真っ正面からぶつかってきてくれたコーチだ。橋本コーチがいなければ、道はつながっていなかったかもしれない。

「独立リーグって、元NPBの人がコーチになるケースって多いと思うんですけど。球史さんは独立で選手としてもやってて、同じ境遇とか理解してくれたうえでコーチをしてくれている。素晴らしいコーチなんじゃないかなと思います」

この2019年、NPBで活躍する四国リーグ出身の野手と言えば、角中勝也（高知→ロッテ）、三輪正義（香川→ヤクルト）亀澤恭平（香川→ソフトバンク→中日）西森将司（香川→DeNA）水口大地（長崎→香川→西武）大木貴将（香川→ロッテ）と、圧倒的に香川から進んだ選手が多かった。しかもこの年を最後に、ほとんどが引退している。

いま以上に「野手のドラフト指名はかなり難しい」と言われていた時代である。岸の支配下指名は、野手として角中、三輪、大原淳也（香川→DeNA→香川）に次いで、4人目の快挙となった。

西武で外野手として活躍を続けるいま、1軍公式戦の出場試合数も294試合を数える（2024年9月10日現在）。

「やっぱり、独立リーグからドラフトで入ってくる人たちが増えてるのもうれしいですし。なんとか僕たちが活躍することによって、独立から選手獲ったら意外とやってくれるんや、みたいな評価になってもらえたら、どんどんその枠も増えていくと思うので」

徳島は岸にとって、しっかり夢を追いかけられた場所、それだけに集中して過ごせた場所である。いい思い出は？　と尋ねると、意外な答えが返って来た。

「いや、でも練習いっぱいしたことじゃないですか。筑後でもホテルの前で朝5時まで素振りしてましたからね。球史さんを中心に、僕と隼人と球斗と京太郎、宇佐美で一通りご飯食べて、11時ぐらいから朝の5時まで。しゃべりながら素振りして、みたいな」

京太郎こと友居京太郎は翌2020年、主将を務めたあと引退した。いまは実家のある愛媛に帰り、家業である鉄骨関連の会社・株式会社友居工業を父とともに支えている。

「岸、それ言うてましたか（笑）。飲み会感覚で5時まで素振りしよったみたいな感じなんで。お酒の代わりに振りよった、みたいな感じです」

バスを駐車するための広いスペースで、深夜に5人でバットを振る。黙々と振っていたかと思うと、最年少でありムードメーカーの宇佐美が、バットを置いて無駄口をたたき始める。

「こんな時間に振んよったら、あのキャンプ思い出すわー！」

すぐに「あったあった！　そんなこと」と思い出話に花が咲く。しばらくすると、橋本コーチがそれをたしなめる。

「いいから、しゃべってねえで振れよ」

また散らばる。今度はバットを振る度、平間が低い声で「うぇい」と声を出す。その声がすぐに伝播する。

「うぇい」

「うぇい」

「うぇい」

全員が爆笑する。

「シーッ！（怒られるから！）」

友居にとっても懐かしい思い出だ。

「それが始まると、みんなやっぱりおもろいじゃないですか。で、球史さんが『いいからお前ら、離れて振れや』みたいなこと言って、1回散るんスよ。みんな各々振ってて、5分ぐらいマジで黙って振るんスけど、隼人とかが暇になってきて、振りながら『うぇい』とか言うんスよ。振る瞬間に。みんなが『あ、言い出した言い出した』みたいな感じになるけど、『うぇい』ってやったら、球斗とかが隼人に続いて、振る瞬間に『うぇい』とか言うんスよ（笑）」

それは、まさに青春の1ページだった。

無名の大学生が1年でNPBに行くまで

茶野篤政に「いまの徳島の選手たちに向けて、メッセージをお願いします」と頼んだ。返って来た答えは、こんなシンプルな言葉である。

「独立リーグ、そんな長くいる場所じゃないと思うんで。1日1日必死に頑張ってほしいなっていうだけですね」

2022年シーズン、たった1年でNPBへの切符をつかみ取った。高校時代、最後の夏はベンチ外だった。大学に入ってから巧打と俊足で活躍し始めていたが、それでも無名の存在であったことに変わりはない。

そんな茶野が徳島に来て、1年で大きく飛躍した。彼はどうして成長できたのか？

「徳島インディゴソックス」と聞いて思い出すのは、しんどい記憶だという。

「まあでも、1年間通して考えたら、やっぱり人に評価されてなんぼの世界だったので。ただ結果出せばいいだけじゃないっていう意味では、なかなかしんどい1年だったなと思いますね」

結果をただ出すだけではダメ。その結果を人に評価してもらわなければ。高く評価してもらって、初めて次に進める。そんな難しさがあった。

結果を出さなきゃ……。評価してもらわなきゃ……。

「そうですね。1年間はずっとそんな感じで。うん」

茶野と徳島をつないだのは茶野の母校、名古屋商科大野球部で監督を務める赤松幸輔（元・オリックス）である。赤松自身も同校のOBであり、PL学園で桑田真澄、清原和博、立浪和義らを育てた中村順司監督の下で鍛えられた。2015年に香川に入団し、松嶋亮太、増田大輝らとともに北米遠征にも参加している。この年のドラフト会議でオリックスから育成指名を受けた。

2017年に自由契約となった後、福島ホープス（BCリーグ）の選手兼任コーチを務め、2018年に引退。茶野が2年生だった2019年、総監督だった中村氏からの誘いを受けて、名商大のコーチに就任した。現在は監督を務めている。

独立リーグを勧めようと思ったのは、茶野が4年生の春である。名商大グラウンドで行われた中京学院大とのオープン戦で、左中間に特大のホームランを放ったことがきっかけだった。

「照明の上を越えてったんですよ。あ、これだけ逆方向に飛ばせるんだ、こいつ。もうこれは、（野球を）やらさんともったいないなと思って。そこで決めましたね。いまでも覚えてますもん、あの打席だけは」

足がある。体も強い。足を生かして打撃がさらに良くなれば、さらに上へ進める可能性があるのではないか？　茶野の1学年上である捕手、丹治崇人が徳島でプレーしている。実際に茶野を連れて、徳島の試合を見に行くことにした。２０２1年9月のことである。

茶野自身はあまり独立リーグにいい印象を持っていなかったらしい。だが、実際に足を運んでみると、想像していたものとは少し違っていた。

「ピッチャーは大学に比べたら全然レベルが高いなと思いました。独立リーグ、あんまりいいイメージなかったんです。やっぱり社会人の下かなあ？　とか思ってたんですけど、でも普通にピッチャーのレベルも高いし、こういうとこでやるのもいいなあと思って」

本音を言えば、社会人野球へ進みたいと考えていた。だが、いまの時点で受け入れてもらえるところは決まっていない。まったく同じ境遇にいた赤松コーチは、いまの茶野の心境がよく理解できる。赤松コーチもいざ自分が飛び込んでみるまで、四国リーグについて何も分かっていなかったからだ。

「僕もまったくおんなじ感情を持って入ったので。いや、だって名古屋にいたら、アイランドリーグなんか分かんないですよ！」

赤松コーチも四国リーグのことをナメていた。「プロを目指して」と言っても、大したヤツはいないだろう。そうたかをくくっていたが、当時の香川は強かった。チームにいる選手全員が「ＮＰＢに行きたい！」と本気で思っている。やっぱり環境に左右されるんだな、ということを痛感した。

あの環境で茶野を鍛えれば、きっと成長するはずだ——。そんな確信が赤松コーチにはある。

「僕は自信持ってます。お金の面を差し引いたとして、野球やるには最高の環境だと思ってるんで。まあ、あいつの性格だったら正直いけるなって思いますよね。どこ行っても順応できるだろうと思ってたんですよ」

「超」がつくほど真面目で、目標に向かってブレない性格の茶野なら、一心不乱にやってくれるはずだ。丹治と連絡を取り合っていた赤松コーチが選んだのは徳島だった。

2021年の徳島には隣県の三重から入団し、俊足を武器にアピールを続けている外野手がいた。村川凪（四日市大）である。茶野も観客席から食い入るように村川のプレーを追った。

「足の速さで注目されている選手がいるよ！　みたいな話を聞いて。赤松さんに『お前も、もうちょっと足磨いて、プラス長打が出たら注目してもらえるんちゃうか？』っていうのはそのときから言われてて。そういう話も聞いたら、やっぱりここがいいなあって」

その年のドラフトを見ていたとき、村川がDeNAから育成1巡目で指名されたことに、すぐに気づいた。名前も覚えている。

「徳島のあの人、かかったなあ」

その事実は、これから四国リーグに挑戦しようとしている茶野にとって、自分も追いかけることができるかもしれない成功への道のりに見えた。

オリックス戦での大爆発

茶野篤政はどんな性格なのか？　と元子マネジャーに尋ねたことがある。

「超クソ真面目！　真面目なんですよ。周りから『遊びに行けへん？』とか、なんなら『ギャンブルしに行けへんか？』とか誘われても、『俺、そういうのやりに来たんじゃないから（キリッ）』ってちゃんと言えるタイプ」

このエピソードについては、オリックスに入団した後の本人に確認している。

「いや、でも、本気で誘ってくる子なんかいなかったです。そんなお金もないですし。仲良かった同級生とか、そんな遊びに行ったりするような子らじゃなかったんで」

超真面目な性格は自他共に認める。２０２２年と言えば、コロナ禍がだいぶ収束し始めてきたころだ。だが徳島は、これまで練習に使用していたグラウンドがコロナ禍を理由に使用させてもらえず、やむなく吉野川南岸グラウンドや徳島科学技術高校グラウンドなどを使わせてもらっていた。元子マネジャーが教えてくれた。

「いろんな練習場を渡り歩いてて、ピッチングマシンをあっちこっちに運んでたんですよ。練習終わったらいつもトラックに荷積みするんですけど、当時の下っ端の高卒1年目が『やっとけ』って言われて。で、ほかの選手たちはパパっと先に帰っちゃうんですけど、もれなく真面目な竹石寛（BBCスカイホークス）が手伝うところへ茶野も最後まで残って手伝う、みたいな。荷積みとか、みんなが嫌がることをやる。後輩がするようなことも後輩だけにやらすんじゃなくて、自分がやるっていう。しかも『やったった感』は出さないんです。だけど、心なしかあの感じなんで、イジられキャラでもあって（笑）」

茶野にしてみれば、至極当たり前のことなのだろう。仲間たちをイジりはしないが、イジられる。それも穏やかで優しい性格ゆえだ。

「選手から、茶野の車はずっと家にあって、茶野が休みの日に出かけたのを見たことないっていうのは、私はまことしやかに聞いてました」

NPBに行きたいから、ここに来ている。そのために何をすべきか？　徳島での1年間、それを考え続けていた。すでに何人もがドラフト指名を受けている。選手たちの意識も非常に高い。全体練習がオフの日、何人かと一緒に昼食を食べた後で、そのなかの1人が声を上げる。

「ちょっとトレーニング行っか！」

そんなことは日常茶飯事だった。

「同級生で、同じ外野手で入った絢登（井上／DeNA）とかが、自主練でもよくバットを振ってたので。そういうの見てると、やっぱり自分もやらないといけないし。絢登はオープン戦からずっと四番を打ったりしてたんで。絢登がやるって言ってるんだから、自分ももっとやらないとレギュラー取れないな、と思ったのは覚えてます」

2月から合同自主トレ。3月に入り恒例の海陽町キャンプ、練習試合などを経て、調子自体は悪くなかった。だが、開幕戦のスターティングメンバーに茶野の名前はない。

「本当にプロに入りたくて来たのに、ここで試合に出られへんのか……」

最初の2試合に出番はなく、初めての出場は対高知前期1回戦（4月2日、オロナミンC球場）、一死満塁の場面で代打として登場した。左前に適時安打を放ち、打点を記録している。

徐々に公式戦での起用が増え始め、左翼手としてスタメン出場するようになっていく。最初の10試合を終えて、盗塁数はチームメートの増田将馬（ジェイプロジェクト）とともに、1位タイとなる6個を記録していた。だが、打率は・200しか残せていない。初めての定期交流戦となったソフトバンク3軍戦（4月20、22日、タマホームスタジアム筑後）でも、7打席4打数無安打、2四球。犠飛による打点がついたものの、結果を残したとは言えなかった。

「自分の中で全然、思ったように打ててなくて。やっぱり、どうしても力のある球に差されたり、あんまり良くなかった」

タイミングの取り方について、あれやこれやと試行錯誤が続いている。

「打つポイントを前に出せ！」

そう言われるのだが、なかなかうまくポイントがつかめない。投手の投げるボールは、大学時代に比べて明らかに速くなっている。ようやくタイミングの取り方をつかみ始めたのは前期終盤、6月に入ったころだった。きっかけをつかんだ試合がある。

対愛媛前期9回戦（6月7日、むつみスタジアム）初回の第1打席、センター方向にいい打球が飛んだ。結局、中堅手に捕られはしたのだが、強くボールをとらえて長打を狙っていくなかで、センターの後方、左中間にいいライナーが飛んだのは初めてだった。そこからいい打球が増え始める。

「そこですかね、一番印象に残ってるのは。それが『ポイントを前に置く』の意識につながってくるんですけど、右中間、左中間に強く。低く強い打球って意識のなかで、うまくハマったら（スタンドに）入る、みたいな感じが一番理想ですね。自分のなかでは」

6月5日、25試合目を終えて、打率は・279まで上がった。打撃十傑の9位にランクインしている。そして、大きなターニングポイントを迎える。6月15日、大阪シティ信用金庫スタジアムで行われたオリックス2軍との交流戦である。

育成選手中心のオリックスに対し、徳島打線が打ちまくる。一番・井上、二番・茶野、三番・増田の3人で計9安打。とりわけ茶野の活躍は見事だった。初回に先制点を挙げる遊撃強襲の内野安打で出塁すると、3回には甘いスライダーを右翼へ運ぶ2ランを放つ。4回に右前安打、8回にも中越え適時二塁打を放ち、4安打4打点1本塁打1盗塁の大活躍を見せた。

この日の試合前、筆者はバックネット裏のスタンドでオリックスの森浩二プロスカウト（当時）と話していた。

「茶野って、森さんがいるときよく打ちますよねえ」

徳島の試合では、そんなイメージがある。

「そうかなあ。相性いいんかなあ？」

そして、この結果だ。

「ほら！　森さん！（笑）」

森スカウトが苦笑していた。

この日、茶野が大きなインパクトを残したことは間違いない。スカウトが大勢見ているような、大事なアピールの場面で結果を残す。それも大きな特徴だった。

6月10日に前期シーズンが終わり、優勝は高知。徳島は3位だった。茶野は打率を・296まで上げ、リーグ5位につけている。17盗塁は2位。出塁率は・440（2位）。徐々に赤松コーチが想像していたイメージよりも、上を行く結果を残し始めている。

大学教授から薦められた一冊

徳島時代を振り返って、茶野が言う。

「試合に出続けて、今度は評価されないといけない世界だったので。ただヒットを打ったらいい、盗塁決めたらいいとかじゃなくて。盗塁の中でもいい盗塁とか、もっといいヒットを打たないと、なかなか評価してもらえない。そこもキツい部分はありました」

一概に「いいヒット」と言っても、求められるものはたくさんある。早いカウントから打ち損じることなく、自分のスイングで速く強い打球を飛ばす。そしてそれを量産しなければならない。

「四国アイランドリーグのピッチャーはレベルが高いと思ってたんですけど、それでもやっぱり『独立リーグレベルのピッチャーだから』っていう見られ方をするとずっと言われてたので。『そういうピッチャーから、当たり前に強い打球を打てるようにしないと、なかなか評価されないよ』と。（橋本）球史さんとか松澤さん（裕介コーチ／元・巨人育成）にもよく言われてたので」

常に自分自身に言い聞かせていた。

「積極的に行こう」

だが、なかなか結果につながらなかった前期と、結果の出始めた後期とでは、積極さの種類が変わってきている。焦って積極的に行くのではなく、自分のやりたいことをちゃんとやるために積極的に行けるようになった。以前よりも、余裕を持って積極性を出せるようになった。打撃も、盗塁も——。

「最初のころは、もうとにかく積極的に行かなあかん！　と思って難しい球に手を出したりとか、タイミング合ってないのに手を出したりとかだったのが、後期になるとある程度、捉えるポイントもつかめてきたと思うので。狙って狙って、その捉えたいポイントで行ける。あ、ムリやと思ったら行かないっていうのが、自分のなかでできるようになってきたと思います」

後期に入り、茶野のバットは好調だった。7月を打率・330（2位）で終えると、40試合を経過した8月7日、打率を・349にまで上げ、ついにリーグトップに立つ。盗塁数も26（1位）と二冠の位置にいた。井上が9本塁打、26打点と、やはり二冠の位置におり、打撃タイトル4部門で徳島の2人がトップを走っている。

好調の要因を尋ねると、キャンプからやってきたことがようやくでき始めたのだという。

「前足（右足）の膝の使い方ですね。あと肩を開かないようにと、ずーっと取り組んでやってたのが、やっと後期が始まったぐらいからでき始めたかなあって感じです」

ミートするため右足を踏み出したとき、膝を伸ばして突っ張るクセがあった。それを伸ばさずに、体重を乗せて打ちたい。膝が伸びると、どうしてもバットの軌道が下から出てしまう。そのため引っかけたり、打ち上げたりしていた。しっかり右膝に体重を乗せることで、バットの軌道が下から出なくなる。すると強い打球が打てる。

「全体的に、自分のなかでレベルがすごく上がってるなあって感じましたし、なんとか食らいついていけてるかなって」

大学時代から打撃が自分の持ち味だと思ってやってきたが、四国リーグに来てそれが通用するかどうかは自信がなかった。いや、通用しないだろうと思って徳島に来ていた。

自身の成長に手応えをつかんだのは、ソフトバンク3軍と対戦した定期交流戦5回戦（7月30日、JAアグリあなんスタジアム）だった。左腕、大城真乃から2本の三塁打を含む3安打を放っている。

「春に筑後に行ったときは『全然、通用しないな！』って感じで。まったくなんにもできずに帰ってきたので。それが2カ月ぐらい経ったホームのソフトバンク戦で、打てなかったピッチャーからヒットが出て。そういうところでもちょっとずつ変わってきたなあっていう感じはありました」

もしかしたら、自分もやれるんじゃないか――？

そんなふうに思い始めていた。

特にレベルが上がったと感じているのが盗塁のテクニックだ。これまでなら、なんとなくリードを取って、なんとなくスタートを切り、盗塁が決まったらいいなあと、ただ漠然に思っていたものがより具体的になった。

まず、リードする位置をしっかり決める。そこまで常に出られるための練習をして、走路も二塁ベースまで真っすぐ走れるよう練習していた。スライディングも足からではなく、ヘッドスライディングに変えた。飛び込める分、足を合わせる動作がなくなり、ロスが少ないと考えた。橋本コーチとともに、これまで以上に到達タイムにこだわって練習するようになった。

目標をかなえるために何をすべきなのか。それを考え続ける姿勢は変わっていない。寝る前に読書をするのが趣味だと話す。

「寝る前に本を読むと集中するので。そういうなかで集中力というか、入り込む感覚を身に着けたいと思って」

それはまさに、打席に入る前のスイッチを入れるためのトレーニングでもあった。

小説を読むことが多いが、徳島に来てからは野村克也氏の本を読んでいるという。『「問いかけ」からすべて始まる』（野村克也著、詩想社新書）は、大学時代のゼミで担任だった石井正道教授（名古屋商科大経営学部）から薦められた。「野球でプロを目指します」とあいさつに行ったときのことだ。

「いまのお前にとって、読んだほうがええ本よ」

そう言って、プレゼントされた一冊である。

「指導者としてのあり方みたいな本やったんです。答えをそのまま教えるんじゃなくて、それまでの過程を教えてあげて、あとは自分で考えさせろ、みたいな内容でした。なんでも指導者に聞きに行くのじゃなくて、自分でどうすればいいかな？　って考えて、ダメだったら聞きに行って。それについて自分で考えて、また自分で工夫して……みたいな」

その話を聞き、石井教授は「ちゃんと読んでくれたんだなあ」と安心している。

「野村さんの本は、これからプロ野球選手になる人にはホントにいいこと書いてるんだよね。ホントはもっと、いっぱい本を贈りたいんだけど……（笑）。野村さんがいいのは、いろんな人を育てて、どういう人が成長するか、どういう人が成長しないかって分かってるわけです。選手はこうするべきだっていうアドバイスが書いてある」

失敗があったら、なぜ失敗したんだろう？　うまく行ったら、なぜうまく行ったのか？　何が原因か？　自分で考えることができる。まず、それが基本としてなくてはいけない。茶野はそれができる人間だと、ゼミ生として2年間付き合ってみて実感した。

「自分で考えられるからね。自分で考えて、何をやっていくか？　って考えられる。だからいいんじゃないかな、と俺は思うんだけどね」

茶野はこの後、福岡へ遠征して行われた対ソフトバンク3軍7回戦（9月6日、タマホームスタジアム筑後）でも打ちまくる。瀧本将生から右翼へ2ラン、2本の二塁打を放つなど5打数4安打2打点1盗塁と結果を残し、春の遠征時の借りをきっちり返している。

この日、タマホームスタジアム筑後のネット裏には、NPB各球団のスカウトが大勢訪れていた。

徳島に激震が走ったのは、対ソフトバンク3軍8回戦（タマホームスタジアム筑後）を終えた翌早朝のことだった。チームに同行していた元子マネジャーは、突然かかってきた「久留米警察ですが……」という電話で目を覚ましている。

「選手を逮捕しました」

「え？　そんなはずないでしょう！　選手はホテルで寝ているはずですが……」

「酒気帯び運転、信号無視の現行犯です」

9月7日午前4時ごろ、パトロール中の警官が久留米市内の交差点を信号無視して走行する軽乗用車を発見。運転していた当時20歳の選手から基準値を超えるアルコールが検知され、現行犯逮捕された。ほかに選手2人も同乗していた。

この事件を受けて四国リーグは翌9月8日、車を運転していた選手との契約を解除（除名）。同乗していた選手2人との契約も解除（除名）した。10日後の9月17日、徳島は8年ぶり3回目となる後期リーグ戦優勝を決めている。だが、不祥事を鑑み、歓喜の胴上げも優勝カップを抱え上げての歓喜の瞬間もない、静かな後期優勝となった。

外野手がNPBに行くには「二芸」が必要

ドラフト会議の興奮から、早20日ほどが過ぎた11月11日、オリックスから茶野へ指名あいさつが行われている。森スカウト、乾絵美スカウトが徳島の球団事務所を訪れた。談笑している森スカウトが笑顔を見せる。

「舞洲から始まって、私が徳島を見る度に打ちまくるというね。こりゃもう、獲らなしゃあないやろ（笑）。でも、力が出せるというのは、この世界で生きていくうえで非常に重要なことやから」

乾スカウトに茶野の印象を聞いた。

「おとなしい感じには見えますけど、自分の意志をしっかり持ってる。芯のしっかりした選手なのかなというのは感じました」

指名あいさつが行われたあと、再び取材陣が事務所内に入り、森スカウトと茶野に囲み取材を行う。育成指名とは言え、プロ1年目から24歳になる。求められるのは即戦力としての活躍だろう。森スカウトが答える。

「当然、そうですね。とにかくまずは支配下を目標にして。NPB入りがゴールじゃないのでね。まず支配下になって、1軍の戦力になれるように。そしてレギュラーを獲るというのが最終目標になると思います。これで満足してもらったら困るし、十分できる選手だと思っていますので」

そのコメントを受けて、茶野が答える。

「まずは支配下で、そして1軍で活躍するっていう目標を、どんなときでも持って。自分のやるべきことをしっかりとやりたいなと思います」

1年前に村川が指名を受けたことで、足と打撃を突き詰めていけば、自分もNPBに行けるんじゃないか？　という道筋が明確に見えた。やるべきことがイメージしやすくなっていた。スピードがある選手は、上に行ける可能性が高い――。

徳島に入団した3月のキャンプ中、橋本コーチと目標を立てている。

「盗塁王を目指してみようか？」

その一言をきっかけに、今シーズンやるべきことを見つけている。

「球史さんにそう言ってもらって、そこから自分も本当に盗塁王を獲って、あとはもうバッティングだなと。四国アイランドリーグのピッチャー、レベル高いんで。そこのピッチャーについていけるようなバッティングができれば、もしかしたら行けるんじゃないかな？　っていうのは……」

やるべき方向性は見えていたが、いざシーズンが始まると、思うようにチャンスをもらえない。

ようやく試合に出始めると、連戦による疲労や長時間の移動など、初めて経験する四国リーグの厳しさが目の前に立ちふさがる。赤松コーチが言っていた言葉が思い出される。

「『ホントにキツいよ』っていうのは聞いていたので、こういうことかって。『ずーっとフルではできない』って言ってましたから」

大学時代、文武両道を実践してきた。ゼミでの成績も優秀だった。レポートも毎回きっちり提出し、4年時にはゼミを代表して全校生徒の前で論文を発表している。『新規事業についての提案』がテーマだった。

だが、独立リーグとはいえプロ野球選手となり、野球だけをする生活を初めて経験することになった。アマチュア時代にはなかったシーズンを通して戦う疲労、結果を出さなくてはいけないプレッシャー、経済面など生活の問題とも直面している。

「試合数も土日だけじゃなくて平日も入ってきたり、連戦もあったりっていうのも初めてで。独立リーグなんで、生活的にもなかなかしんどい部分があって、体もキツいときもあったんですけど。でも、もう1年、2年って勝負（する期間）を決めてるので。疲れよりも、いまやるべき練習をやろうっていう感じで。そういう意味では、いいモチベーションで練習できてたかなと思います」

タイトル争いも経験した。40試合を消化した8月7日ごろから、首位打者争いは愛媛・大城雄一郎（小林西高）とのマッチレースとなる。この時点で茶野・349、大城・347と、茶野が2厘リードしている。

9月に入り、一時は大城が首位に立つなど順位を入れ替えながら、約2カ月間続いた戦いに終止符が打たれたのは9月21日、シーズンの最終戦となった対愛媛後期10回戦（むつみスタジアム）だった。茶野、大城、ともに無安打に終わった最終成績は、茶野・3164、大城・3157。わずか7毛差で茶野が首位打者のタイトルを手にした。

開幕前、橋本コーチと目標にした盗塁王のタイトルは、香川・押川魁人（関東学院大）の38盗塁に対し37盗塁と、1差で逃している。

四国リーグで首位打者を獲った。そのプライドは、バファローズのユニフォームを着て戦ういまも胸の中にある。

「四国アイランドリーグで首位打者を獲って。それでバッティングが全然通用しないってなったら、アイランドリーグの評価も下がってしまうかな？　とか、たまに思ったりもするんで。自分ももっと頑張って結果を出して、アイランドリーグの首位打者の価値を上げていけたらなって」

徳島からだけでなく、四国リーグからNPBに進む選手も増えた。茶野が入団した翌年、オリックスに愛媛から河野聡太（西日本工業大）が入団している。徳島で同期だった井上もDe

NAで奮闘している。独立リーグで培った必死さを、これからも出していきたい。井上が一生懸命アピールしている姿に、「自分も」という思いが湧き出る。元独立リーガーだからこそ汗をかいて、泥にまみれて、ガツガツ行かなければ――。

よく「右投げ左打ちの外野手」は絶対数が多いため、プロ側の需要が低いと言われる。右投げ左打ちの外野手である茶野は、どう考えていたのか？

「右投げ左打ちに限らず、外野手は一芸だけじゃなく、二芸ないと評価されないと感じました。自分の場合は足とバッティング。どっちも頑張らないと、評価が上がらないと思っていましたし、外野は評価を上げるのが難しいポジションだと感じました」

足だけ。打撃だけ。武器が1つしかないのは弱い。外野手ならなおさらだ。両方磨いて「一芸」ではなく「二芸」にする。茶野はそう考えて、自分の武器を研ぎ続けた。

最後に聞いた。茶野にとって、徳島インディゴソックスとは？

「1年間、本気で野球だけに向き合った、本当にいい1年でした。結果だけじゃなくて、評価もされないといけない世界で、どうやったら上に行けるのかな？　って常に考えながらできましたし。そういう環境を作ってくれる場所だったなと思います」

初めての春季キャンプを終えた2023年、開幕直前の3月24日に支配下登録された。背番号は「033」から「61」に変わり、3月31日の開幕戦、対西武1回戦（ベルーナドーム）に育成出身の新人選手として初の開幕戦先発出場を果たす。3回に初打席初安打となる三塁への内野安打で出塁すると、初盗塁も記録した。まさに世間をあっと言わせる活躍で、NPBデビューを果たす。91試合に出場し、打率・237と、上々の成績でルーキーイヤーを終えた。だが、終盤に調子を落とし、登録メンバーから外れている。

2年目のシーズンは12試合の1軍出場にとどまっており、7月1日に登録抹消されて以降、ファームで1軍復帰への準備を続けている（9月13日終了時）。

考えて、自分のやるべきことをやる。自分だけの武器を磨く――。

さらに厳しい世界で、茶野の奮闘が続いている。

寺岡 丈翔　工藤 泰成

終章

渇望

2024年
ドラフト指名を待つ男たち

ラストチャンスに臨む25歳右腕

マジック「3」を一気に消化して後期優勝を達成したときも、圧倒的な成績で公式戦全68試合を戦い終えたときも、徳島の選手たちの表情には、どこか冷静さのようなものが残っていた。優勝した喜びも、やり遂げた達成感も、もちろんある。だが、まだ何も終わっていないことを誰もが理解している。

2024年9月17日、高知対徳島後期10回戦（高知球場）に徳島は4対1で勝利し、リーグ戦の全日程を終えた。最終成績は34試合24勝6敗4分け、勝率・800は優勝球団の勝率として過去最高の数字である。

タイトルも決定した。投手部門で川口冬弥（ハナマウイ）が最優秀防御率（1・37）、セーブ王（7セーブ）の二冠に輝いている。最速155キロのストレートと2種類のフォークボールを武器に、前期はクローザーとして、後期からは先発としてローテーションを守った。29試合3勝0敗の成績でシーズンを終えている。

「前期で抑えとして、ある程度結果を残したので。即戦力で獲ってもらうためには、どのポジションでも投げられるってことをアピールできないとダメなので。抑えもできて、先発もできるっていうふうに」

ドラフトの2日後、25歳の誕生日を迎える。昨年はドラフト当日が誕生日だった。社会人クラブチームでの2年間、自分なりに成長もしてアピールもした。NPBのある球団から調査書が届いたが指名はなく、最後の勝負を賭けるつもりで徳島に入団した。NPB入りを狙うなら、25歳がリミットになるだろう。それは理解している。

「2年間やって行けなくて。あと1年、もうホントに最後のチャンスに賭けるなら、最高の環境でやりたいなって気持ちがあって、徳島を選びました」

9月21日、年間王者を決定する「トリドール杯チャンピオンシップ」が行われる。徳島が前後期優勝を達成したため、年間勝率2位の愛媛と対戦することが決まった。2戦先勝で今シーズンの年間王者が決まる。徳島には前後期優勝のアドバンテージ「1勝」が与えられるため、徳島のホーム、むつみスタジアムで行われる第1戦に勝利すれば、そこで年間王者が決定する。

このチャンピオンシップで、川口の登板も予定されているはずだ。9月11日、対ソフトバンク3軍8回戦で中継ぎとして2イニング登板したのを最後に調整に入っている。

大学4年の11月に引退を撤回した変則スリークォーター

最多勝利のタイトルは、8勝で4人が並んだ。そのうち、3人が徳島からである。

最初に8勝にたどり着いたのは中込陽翔（山梨学院大）だった。変則のスリークォーター。普段のおとなしい性格とは裏腹に、マウンドに登ると雄たけびを上げながら、最速150キロのストレートを投げ込む。右打者の外角へ逃げるスライダー、カットボール、内角へ食い込みながら沈むシンカー、フォークボールと球種も多い。

山梨学院大の4年生だった昨年、プロ野球選手になれないのなら、もう野球は大学で辞めるつもりだった。就職を考え、自宅がある山梨県甲府市のスポーツジムで働こうと考えていた。

ドラフト終了後の11月、これが最後のつもりで臨んだ第19回関東地区大学野球選手権大会兼、第54回明治神宮野球大会出場決定戦（2023年11月6日〜9日、横浜スタジアム）で好投する。1回戦、対横浜商科大戦に先発し、5回3失点と先発の責任を果たした。準々決勝、対創価大戦では延長10回140球を投げ切り、見事な完投勝利を挙げた。準決勝、日体大戦に敗れたが、6回途中からリリーフし4イニングを無失点に封じ込めている。

「なんか、これで野球辞めちゃったらもったいないなって」

まだ辞めたくない。そのとき、ドラフトで何人もNPBに送り込んだ、独立リーグ球団のことを思い出していた。

「育成ドラフトの最後まで見てたんですけど、徳島インディゴソックスからすごくたくさん選ばれてたので。それでどんなチームなのかな？　と思ってちょっと調べてみたら、めっちゃトレーニングするし、なんかみんな球速いし、すごいなと思って」

このチームに入りたい。そう思ってコーチに相談してみると、山梨学院高校のOBである牧野塁（オリックス投手コーチ）が以前、監督を務めていたことが分かる。コーチを通じて牧野に連絡を取ってもらい、徳島の入団テストを受けることになった。

「ホント年末ギリギリで。いきなり徳島に行くことになったので。でも、もうここ以外受けずに、ここがダメだったら、本当に辞めるつもりでした」

最速159キロの「強いストレート」

徳島が後期優勝を決めた9月4日、先発は工藤泰成（東京国際大）だった。

ネット裏にはパッと見ただけでNPB3球団のスカウトが視察に訪れている。それぞれがスピードガンを向けているなかで、スカウトの1人が「ウソだろ……？」と言った表情で、ほかのスカウトのほうを振り返った。

「何キロ出てます？　いま、159キロ出たんですけど」

「159キロ出てるよ」

「ホントですか！　さっき、160キロ出たんですよ。合ってるのかなあ？」

150キロ台後半を計測する「強いストレート」が最大の武器だ。東京国際大を卒業して、NPB入りを目標に徳島に入団した。

「インディゴに来たときは、自分が一番速いと思ってました。そしたら、みんな速かった。天狗になってたわけじゃないですけど、鼻を折られるっていうか。こんな人たちがいたんだって……」

与四球率が4・90と高く、1試合で投げる球数も多い。しかし「球速」という一芸を持っていることは大きな武器になる。

右肘痛から奇跡の復活を果たした右腕

9月18日の最終戦で勝利投手となり、滑り込んでの最多勝タイトル受賞となったのが石川槙貴（九州共立大）だった。こちらも150キロを超えるストレートが武器の右腕だ。開幕してすぐのころはボールが抜けやすく、制球力に不安があった。だが、シーズンを通じてきっちりと修正している。防御率1・72（2位）、90奪三振（2位）など、それぞれの項目で上位に食い込む成績を残した。

「粘りました！　後期は前期と比べて、結構打たれ始めたんですけど、要所要所で抑えられて。

粘りのピッチングができたと思ってます」

入団したのは2022年、今年が3シーズン目になる。大学4年生の夏に右肘のトミー・ジョン手術を受けている。1年目はリハビリに費やし、2年目からの登板を目標に練習を続けていた。

初めての登板は、昨シーズンの後期開幕戦（2023年6月24日、坊っちゃんスタジアム）。以降、計7試合に登板している。0勝3敗、防御率は6・63だった。

「正直、痛かったっスね。ずっと痛みが残ってる状態で投げてて……」

周りに手術からのリハビリ知識を持っている者がおらず、トレーナーに調べてもらいながらメニューをこなしていた。もうダメだと思ったのは9月、筑後への遠征が終わったころだ。肘の痛みが取れず、ついに心が折れてしまった。岡本哲司監督、荒井健司オーナーの前で告げている。

「もうできません。もう、野球やりたくないです」

そう言って2週間、練習に顔を出さなくなった。

ほとんど部屋に引きこもる日々の中で、周りも両親も「諦めるな！」と声をかけてくれている。だが、どうしても練習に行く気になれない。心を動かしたのは、カナダで暮らす中学時代の友だちからのメッセージだった。

「ずっと悪いことは続かないから。やってたら絶対いいことあるから」

「……分かった。今シーズンは最後までやるわ」

再び全体練習に合流し、キャッチボールをしたときだった。これまで肘にあった痛みが、嘘のように消えていた。

「痛くない。キャッチボールがめっちゃ楽しくて。投げてたら、やっぱり来年もやりたいなと思って」

すぐにクビになってもおかしくなかったところを、岡本監督も荒井オーナーも待っていてくれた。春になり、3年目を迎えた２０２４シーズンは、開幕からフル回転できる初めてのシーズンだった。

先輩の背中を追い続ける大器

打点王、本塁打王の二冠に輝いたのはキャプテン、寺岡丈翔（福岡大）である。65打点は2位に15点差をつけている。本塁打王争いは、首位打者に輝いた愛媛の四番、浅井玲於（星城大）との争いだった。

9月1日、浅井が坊っちゃんスタジアムで7号2ランを右中間スタンドに放り込めば、寺岡もむつみスタジアムで8号3ランを放ち、再び差を広げる。9月12日、愛媛対香川後期9回戦（マドンナスタジアム）で、浅井が8号ソロに続き9号3ランと1試合2本の本塁打を放った。これで寺岡を逆転し、本塁打王争いのトップに立つ。

9月15日、坊っちゃんスタジアム。4回表、浅井の目の前で寺岡がバックスクリーンに9号ソロをたたき込む。本塁打王争いは、ともに9本のまま同時受賞となった。

タイトルは二冠に終わったが、25盗塁は2差の2位。打率・333は5位と、打撃4部門すべてで好成績を残している。

「（井上）絢登さんが去年、二冠獲ってて（最多打点／39打点、最多本塁打／14本）自分も！　と思って。目標は三冠だったんですけど、二冠獲れて良かったです。満足できる結果ですね」

1歳上の井上は小学校、中学校とチームメートだった。大学も同じ福岡大であり、追いかけるようにして徳島に来た。井上が指名漏れの悔しさをバネに猛アピールを続けるなか、寺岡は本来の実力をうまく出せない。全68試合に出場したものの、打率・232（16位）、27打点（7位タイ）、4本塁打（6位タイ）に終わっている。

井上がDeNAから指名された。やはり小学生のころチームメートだった愛媛・河野聡太もオリックスから育成ドラフト5巡目で指名されている。

それなのに、自分はドラフト候補として指名を待つ席にさえ着けていない。2人に「おめでとう」と祝福のメッセージを贈る。返って来た言葉は2人とも同じだった。

「丈翔、待っとるけん」

課題となった打撃を一から見直し、2年目に賭けた。主将として徳島をけん引した2024年シーズン、この後トリドール杯チャンピオンシップに挑む。勝てば昨年、準決勝で敗れたグランドチャンピオンシップに四国リーグ王者として出場することになる。独立リーグ日本一を達成して燃え尽きるつもりだった。

「そこで燃え尽きようっていう感じでやってたんで。でも、残り試合がどんどん少なくなってきて。最近は、『今年もフェニックスに行きたいな』って思ってきました」

いずれにせよ、ドラフト会議のその日まで全力で走り切るつもりでいる。

謙虚さを取り戻した元エリート

シーズンの成績優秀者が必ずしもドラフト指名を受けるわけではない。大学に在籍しながら今シーズン、徳島でプレーするのは加藤響だ。

東海大相模高時代に高校通算35本塁打を放ち、大きな注目を集めた。今シーズンは四番・遊撃手として64試合に出場。打率・311（9位）、41打点（5位タイ）。最終戦となった9月17

日の対高知後期10回戦で初回に3ランを放ち、有終の美を飾った。6本塁打は5位タイの成績である。

徳島に来て、自分自身が確実に成長していることを感じている。

「技術っていうよりは、自分の気持ちが一番成長できたかなって思いますね。どちらかというと、自分は打てなかったり、思い通りに行かなかったりすると……『なんかもういいや』みたいになってしまうタイプで」

高校時代、全国に名前が知れ渡るような選手になったことが、逆におごりとなって謙虚さがなくなっていた。そんな部分が確かにあったと思う。うまくいかなかったとき、失敗したときの気持ちのコントロールができなかった。結果的に大学の野球部を離れることになり、「もういいや」と野球そのものを諦めた。

徳島への道をつないだのは、小学3年生のころから通っている「ルーツベースボールアカデミー」の代表、養父鐵氏（元・ダイエーほか）だった。2017年に監督として徳島を独立リーグ日本一に導いている。2019年には北米遠征に向かう選抜チームの監督を務めた。

「もう野球やる気、ないです」

そう話す加藤に養父は言った。

「行け、徳島に。徳島で夢つかんで来い」

リスタートの場所としてたどり着いた四国リーグでの生活は、聞いていた以上にハードだった。シーズンを通した連戦の疲労、バスでの長い移動などが容赦なく襲ってくる。

「高校のときとか大学のときとか、逆に恵まれてたなというか。自分たちがベストな状況でやれてたかなって。でもそれは甘えでもあったなっていう。こっちに来てから、なるべく疲労を溜めないような食べ物や飲み物、サプリとか、ものすごく意識するようになりました」

体重を落とさないようプロテインを飲む。トレーニングを毎日続ける。ストレッチや体のケアに時間を割く。夜はちゃんと湯船につかる。たんぱく質や栄養素の多い食べ物を多くとる。周りの選手の意識の高さに刺激を受けながら、アスリートとして一皮むけた加藤がいる。

独立リーグ5年目で開眼した内野手

174センチと身長は決して大きくないものの、本塁打王に1本差と迫る8本塁打を放ったのが2年目の柏木寿志である。打撃のパンチ力、守備範囲の広さ、足の速さがストロングポイントの内野手だ。高校を卒業後、兵庫ブレイバーズ（さわかみ関西独立リーグ）で3シーズンプレーした。徳島に入団し、本来の遊撃手から二塁手にコンバートされた。2023年は二塁手のベストナインを受賞している。

だが、ドラフト指名には届かなかった。

2年目の今シーズン、休日を返上して岡本監督に打撃指導を仰いでいる姿がある。

「一緒に練習して試合に臨むっていうのは去年はそんなになかったんですけど、今年はドリル(岡本監督が薦めるメニューの中から、ピックアップして行う反復練習)も結構やってます」

室内練習場を使ってティー打撃、スイングとミートポイントの確認。岡本監督が打撃投手となり、内角、外角に投げ分けてもらっての打撃練習などを行う。そうやって残した数字が打率・326(7位)、47打点(3位)、8本塁打だった。あるスカウトから「パンチ力を伸ばせ!」とアドバイスを受けている。取り組んで残した長打率・504は、リーグ2位の好記録となった。

「でも、長打はいまのところ、あんまり考えてないですね。長打っていうよりも打球スピードだったり、打球の質を考えるようにしています。センターの頭をライナーで抜けるぐらいのイメージで。状況にもよりますけど、基本的にはセンター方向より右ですね」

人生の崖っぷちで勝負するために

昨年、8人がドラフト指名を待つ場所に就いた。今年、何人が同じ場所に座るのかは、まだわからない。

チャンピオンシップ、グランドチャンピオンシップ、宮崎でのフェニックス・リーグと、９月の終わりから10月にかけて訪れる最後のチャンスに彼らはすべてを賭ける。

そして10月24日、ドラフト会議ですべてが決まる。それを見守る元子マネジャーは、自分の子どもの運命が決まるような緊張感を感じながら、その日に臨む。

「もう、ドラフトになったら私たちには何もできないですから。選手と同じように緊張して指名を見守っているだけなので……」

20年目の挑戦が、もうすぐクライマックスを迎える。次のステージへ羽ばたいて行く者、１年後、再び挑戦することを誓い努力を重ねる者、挑戦を諦め、自分の野球人生にケリをつける者、様々だ。ドラフトの１日はゴールでもあり、スタートでもある。ＮＰＢに向かうスタートでもあれば、次の新たな人生に向けてのスタートでもある。

人生における崖っぷちは、これからいくつも出てくるはずだ。だが足をすくめてとどまっていても、状況は何も変わらない。崖っぷちに立って、上を見上げて精いっぱいジャンプするのか。下を見下ろし、降りる道を選ぶのか。崖っぷちから脱出する方法は、きっといくつもある。

この崖っぷちを経験し、次の新たな世界で活躍する先輩たちは何人もいる。大切なのは、崖っぷちを経験した分、悔いのない人生を送ってほしいということだ。

その崖っぷちは、いましか立つことのできない場所でもある。

終わりに

2005年から四国アイランドリーグplusを取材するチャンスをいただいてきた。1年目は徳島インディゴソックスを追い、2年目から四国リーグ全体を取材して回っている。最初にアイランドリーガーとなった100人以降、多くの若者が崖っぷちから挑戦を続けてきた。増田大輝は「指名されるにも運が大事」と言った。幸運にも夢をかなえた選手よりも、圧倒的多数を占めるのは夢に届かなかった選手たちだ。しかし、NPBへ進めたから「成功」、進めなかったから「失敗」ではない。ここでやり切ったからこそ、人生を懸けるべき新たな場所を見つけることができたのではないか。NPBに進んだ者も進めなかった者も、それぞれがどんな思いで自分と、時間と、野球人生と戦っていたのかを伝えたかった。

20年前、四国リーグからこれほど多くの選手たちがNPBに進むと、誰が想像できただろうか。19連敗を記録した弱小チームが常勝軍団となり、独立リーグ界の「虎の穴」と呼ばれるまでになった。それでも、徳島インディゴソックスの挑戦は、まだまだこれからである。ドラフト1位指名選手の輩出、球団の健全な運営、徳島の街をビジャレアルFCのあるヴィラ＝レアルのような街にする。南啓介代表が目指す目標は、まだまだ先にある。

地元選手として草創期の徳島の顔となった山田大二郎は現在、株式会社仲野産業の常務として忙しい日々を送る。役員として自社の経営に携わるようになり、それがいかに大変なことかをひしひしと感じていることだろう。小松崎大地はいまも現役バリバリの競輪選手だ。徳島・小松島競輪に凱旋を果たした2012年以来、12年ぶりに話を聞かせてもらった。左のエース、渡邊隆洋には試合前の忙しいなか、時間を割いてもらった。「独立出身のヤツはダメだと言われたくない」と、組織の中で信頼を勝ち得てきた。彼ら3人は地獄のような連敗を経験した選手たちである。徳島にもそんな時代があった。

NPBの審判員となった山村裕也には、甲子園球場で話を聞いた。グラウンドを離れると常にユーモアを忘れない性格は変わっていない。いくつものピンチを乗り越え、少年のころの夢をかなえた増田大輝の姿をいつも誇らしく思う。くふうハヤテで猛アピールを続ける弟・増田将馬にはこの秋、兄に続いてほしいと心から願っている。増田に触発されNPBへと駆け上がった木下雄介が、志半ばでこの世を去ったことが本当に残念でならない。8年ぶりに当時のインタビュー音源を聞き、普段は穏やかだった彼のことを思い出していた。

書籍を作る過程で「マツさんだけは入れてほしい！」と声が挙がったのが、松嶋亮太だった。現役選手の中には「ドラフトまでの短期間で成長なんてできない」と嘆く選手が少なくない。松嶋が打撃に開眼したのは現役最後の数試合だった。最後の最後まで成長はできる。

岸潤一郎と茶野篤政、NPBの現役プレーヤーである彼らには、できるだけ長く現役生活を続けてほしいと願っている。四国4球団のファンがみな、そう思っているはずだ。

取り上げられなかった監督、コーチ、選手たちが多すぎて、本当に申し訳なく思っている。20年間あなたたちが紡いできてくれたから、いまの徳島がある。それは間違いない。

「徳島の20年を1冊にまとめてみませんか?」と菊地高弘さんから連絡をいただいたのは、フェニックス・リーグ取材中の2023年10月だった。これまで取材してきた19年間を1冊にまとめる作業は決して簡単ではなかったが、非常にやりがいのある仕事だった。

故・永谷脩に「銭にならねえ仕事ほど大切なんだよ」と言われたことがある。原稿を掲載してもらえる媒体が少なかったころ書き溜めた原稿や取材記録が、数年の時を経てこの書籍で日の目を見たことをとてもうれしく思う。

各NPB球団への取材などにご尽力いただいた株式会社カンゼンの滝川昂さん、素晴らしいイラストを描いてくださった漫画家のクロマツテツロウさん、20年前のリアルな思い出を話してくれた住村(橋本)早紀さん、川原忠雄さん、貴重な話を聞かせてくださった鍵山淳子さん、堀江賢治さん、徳島の育成メソッドについて隠すことなくお話しいただいた荒井健司オーナー、南啓介代表、殖栗正登トレーナー、野口陽司トレーナー、これからドラフトの準備に忙しくなるであろう、米本元子マネジャー。みなさんに心から感謝します。

2024年9月　高田博史

徳島インディゴソックス年度別チーム成績&ドラフト指名選手

年度	期	監督	順位	試合	勝利	敗戦	引分	ドラフト指名選手
2005	全	小野和幸	2	90	38	36	16	
2006	前	小野和幸	4	45	12	30	3	
	後		4	45	12	29	4	
2007	前	白石静生	4	45	12	29	4	小林憲幸(ロッテ育3)
	後		4	45	7	33	5	
2008	前	白石静生	5	40	11	22	7	
	後	白石静生／森山一人	6	40	9	29	2	
2009	前	堀江賢治	6	40	13	23	4	荒張裕司(日本ハム6)
	後		6	40	12	23	5	
2010	前	堀江賢治	3	38	20	15	3	弦本悠希(広島7)
	後		3	38	17	17	4	
2011	前	斉藤浩行	1	32	22	8	2	富永一(広島育1)
	後		2	32	18	11	3	
2012	前	島田直也	3	40	15	23	2	
	後		3	40	21	15	4	
2013	前	島田直也	2	40	20	17	3	東弘明(オリックス育1)
	後		1	40	24	9	7	
2014	前	島田直也	1	40	22	14	4	入野貴大(楽天5)　山本雅士(中日8)
	後		1	40	23	11	6	
2015	前	中島輝士	3	34	12	15	7	増田大輝(巨人育1)　吉田嵩(中日育2)
	後		2	34	17	14	3	
2016	前	中島輝士	2	31	19	11	1	福永春吾(阪神6)　木下雄介(中日育1)
	後		4	34	14	14	6	
2017	前	養父鐵	1	34	21	9	4	伊藤翔(西武3)　大藏彰人(中日育1)
	後		4	31	12	14	5	
2018	前	石井貴	4	36	9	23	4	鎌田光津希(ロッテ育1)
	後		2	30	16	11	3	
2019	前	牧野塁	1	34	18	14	2	上間永遠(西武7)　岸潤一郎(西武8) 平間隼人(巨人育1)
	後		3	36	14	19	3	
2020	全	吉田篤史	1	76	35	30	11	行木俊(広島5)　戸田懐生(巨人育7)
2021	前	吉田篤史	3	34	15	17	2	村川凪(DeNA育1)　古市尊(西武育1)
	後		3	34	12	18	4	
2022	前	岡本哲司	3	34	15	16	3	日隈モンテル(西武育2)　中山晶量(日本ハム育2) 茶野篤政(オリックス育4)
	後		1	34	18	11	5	
2023	前	岡本哲司	1	34	17	10	7	椎葉剛(阪神2)　宮澤太成(西武5)　井上絢登(DeNA6) シンクレア・ジョセフ・孝ノ助(西武育1) 谷口朝陽(西武育2)　藤田淳平(ソフトバンク育7)
	後		1	34	19	11	4	
2024	前	岡本哲司	1	34	24	7	3	
	後		1	34	24	6	4	

※2011年、2013年、2014年、2017年、2019年、2023年はリーグチャンピオンシップを制して総合優勝

著者

高田博史

Hirofumi Takata

1969年生まれ。徳島県出身。スポーツライターの故・永谷脩に薫陶を受けた後、四国を舞台にプロ野球独立リーグ、高校野球などを取材。専門誌、スポーツ紙、Web媒体などに原稿を寄稿している。四国アイランドリーグplusには2005年の創設時より密着し、ドラフト指名の瞬間を多く見続けてきた。『日本独立リーグWatch』(週刊ベースボール)での連載は2024年に19年目を迎える。『現場取材がすべて』がモットー。

𝕏 @gakeppuchi2024

編集・プロデュース

菊地高弘

Takahiro Kikuchi

1982年生まれ、東京都出身。雑誌『野球太郎』編集部員を経てライターとして独立。「菊地選手」名義で編集・執筆した『野球部あるある』(全3巻・集英社)は13万部のヒット作になった。2019年に上梓した『下剋上球児 三重県立白山高校、甲子園までのミラクル』(カンゼン)はTBS系日曜劇場の原案としてドラマ化された。近著に『野球ヲタ、投手コーチになる。元プロ監督と元生物部学生コーチの京大野球部革命』(KADOKAWA)がある。

𝕏 @kikuchiplayer

編集・プロデュース　菊地 高弘

カバーイラスト　クロマツテツロウ

カバー・本文デザイン　松坂 健（TwoThree）
DTPオペレーション　貞末 浩子

取材協力　上村 啓之／徳島インディゴソックス／
オリックス・バファローズ／
埼玉西武ライオンズ／読売ジャイアンツ
写真協力　山田 次郎／佐藤 友美

編　集　滝川 昂（株式会社カンゼン）

崖っぷちリーガー

徳島インディゴソックス、はぐれ者たちの再起

発行日　2024年10月29日　初版

著　者　高田博史
発行人　坪井義哉
発行所　株式会社カンゼン
〒101-0021
東京都千代田区外神田2-7-1 開花ビル
TEL 03(5295)7723
FAX 03(5295)7725
https://www.kanzen.jp/
郵便為替 00150-7-130339
印刷・製本　株式会社シナノ

ISBN 978-4-86255-738-4
Printed in Japan
定価はカバーに表示してあります。

ご意見、ご感想に関しましては、kanso@kanzen.jpまでEメールにてお寄せ下さい。
お待ちしております。